Este livro é dedicado aos nossos alunos e clientes de ontem: pessoas que nos confiaram suas situações, pessoas que estudaram conosco e pessoas que participaram das mesmas ideias.

Nosso agradecimento aos alunos de hoje que, propiciando o privilégio de compartilharmos de suas vidas, permitem-nos crescermos juntos.

Um abraço grande,
Maria Aparecida e Thiago Crispiniano

Não é negando os fatos, não é negando
os fenômenos, não é negando as situações, que
chegaremos à verdade que elas contêm, mas
antes, pesquisando, observando e investigando
– o que já é um meio de desenvolvimento da
própria sensibilidade.

Este livro é um convite ao espírito per-
quiridor que mora em você.

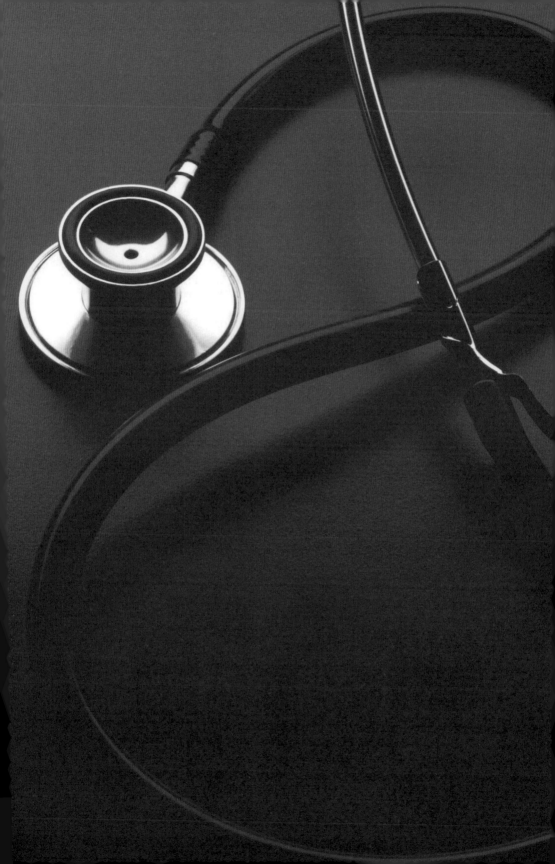

© 2011 por Maria Aparecida Martins e Thiago Crispiniano

Direção de Arte: Luiz Antonio Gasparetto
Capa e Projeto Gráfico: Priscila Noberto
Revisão: Ivânia Paula Leite Barros de Almeida

1ª edição
1ª impressão — abril 2011
5.000 exemplares

Dados Internacionais de Catalogação na Publicação (CIP)
(Câmara Brasileira do Livro, SP, Brasil)

Martins, Maria Aparecida
  Mediunidade clínica / Maria Aparecida Martins e Thiago Crispiniano.
São Paulo : Centro de Estudos Vida & Consciência Editora.
Bibliografia.

ISBN 978-85-7722-124-0

1. Fenômenos paranormais 2. Medicina e espiritualidade 3. Mediunidade 4. Percepção extrassensorial I. Crispiniano, Thiago. II. Título.

10-09607   CDD-133.8

Índices para catálogo sistemático:
1. Clínica de mediunidade : Parapsicologia 133.8

Publicação, distribuição, impressão e acabamento
CENTRO DE ESTUDOS VIDA & CONSCIÊNCIA EDITORA LTDA.

Rua Agostinho Gomes, 2.312
Ipiranga — CEP 04206-001
São Paulo — SP — Brasil
Fone / Fax: (11) 3577-3200 / 3577-3201
E-mail: grafica@vidaeconsciencia.com.br
Site: www.vidaeconsciencia.com.br

Proibida a reprodução total ou parcial desta obra, de qualquer forma ou por qualquer meio eletrônico, mecânico, inclusive através de processos xerográficos, sem permissão expressa do editor (Lei nº 5.988, de 14/12/73).

Mediunidade
Clínica

Maria Aparecida Martins
e Thiago Crispiniano

Sumário

Prefácio... 11

No laboratório de mediunidade... 13

O campo das emoções... 26

Frustração... 40

Reações somestésicas... 55

Etapas do transe... 79

Estudo do transe... 96

Captação de emoções... 113

Consciência... 127

Estudo do transe... 137

Espaço para compreensão do transe... 147

Crescer tem preço, abandonar-se também... 159

Reunião para discussão... 171

O símbolo... 184

O ritual... 199

Uma explicação

Uma abordagem clínica sobre Mediunidade e seus métodos de trabalho.

A começar pelas premissas de que cada um vive na frequência (onda) que lhe é própria, de que nosso pensamento é energia viva e de que a mediunidade se assenta na personalidade do sujeito, empiricamente, em mais de quarenta anos de pesquisa, fui desenvolvendo um modelo psicopedagógico para o trabalho com a Mediunidade, que é vista como uma função natural de sensopercepção.

Este livro é uma descrição de parte desse trabalho.

Prefácio

Este trabalho busca integrar resultados de pesquisas desenvolvidas, ao longo de décadas, em escolas, espaços culturais e centros de trabalhos espíritas e espiritualistas e na clínica de mediunidade. Os relatos contidos foram todos experimentados. Costumo lembrar, com frequência, que não sou uma escritora, sou uma professora que escreve sobre as experiências vividas.

Entendo o ser humano como uma totalidade biopsicoespiritual, mas que tem sido observado de forma fragmentada: uns estudam o corpo, outros o psiquismo, outros o espírito. Cada um, a seu modo, está prestando sua colaboração, porém deixar a música fora do espetáculo de dança, seria como deixar a parte espiritual do homem fora de sua constituição natural.

A clínica de mediunidade nasceu como um espaço pedagógico sem cor religiosa e, no decorrer do tempo, foi agregando outros profissionais com uma visão não fragmentada do ser. Ali o médium é o seu próprio laboratório, aprendendo a trabalhar com seus fenômenos ou com a sua sensibilidade, pois todas as pessoas têm sensibilidade e algumas apresentam fenômenos paranormais, outras não.

Sabemos que aquilo que distingue o homem do animal é a capacidade de reflexão; e quero crer que estamos num tempo, onde a autorreflexão passa a despontar na linha do horizonte da consciência, quando as fogueiras públicas, com o aval da inquisição medieval, estão perdendo a força, não que tenham se extinguido... mas "Medicina e Espiritualidade", hoje, é área de estudo em várias universidades:

Faculdade de Medicina (UFC): "Disciplina e Espiritualidade" – cadeira opcional;

Faculdade de Medicina do Triângulo Mineiro: "Saúde e Espiritualidade" – disciplina opcional;

Faculdade de Medicina (UFRN): "Medicina, Saúde e Espiritualidade" – disciplina optativa;

Universidade Santa Cecília (Santos – SP): primeira universidade brasileira a introduzir um curso de extensão universitária sobre "Saúde e Espiritualidade";

Faculdade de Medicina (USP) – Hospital das Clínicas: "A Relação entre Espiritualidade e Saúde" é tema de pós-graduação, inédito no Brasil. A proposta do curso para os pós-graduados é o contato com pesquisas envolvendo medicina, vivências espirituais e metodologias para abordagem do assunto de forma científica.

Desejo que este trabalho elaborado com a participação do doutor Thiago Crispiniano, dentista, fisioterapeuta, atualmente graduando em Medicina, seja uma ferramenta de utilidade pra você, e que nosso modelo de trabalho seja uma semente que frutifique.

Abraço grannnnnnnnde,
Maria Aparecida

No laboratório
de mediunidade

No laboratório de mediunidade, espaço clínico destinado a experiências de caráter mediúnico, se reúnem semanalmente, alguns estudiosos do assunto. Sempre há gente nova, trazida pelos alunos mais antigos, que vão divulgando os conceitos que aprenderam e as ideias que ajudam a viver melhor, àqueles que têm uma característica marcante de personalidade: a mediunidade.

Mediunidade entendemos como:

- uma sensibilidade maior;
- uma faculdade natural do ser;
- uma capacidade de percepção extrassensorial, através da qual se pode notar uma outra dimensão: a do universo energético que nos rodeia.

A mediunidade costuma ser estudada pelos espíritas, mas não é patrimônio de religião nenhuma, pertence ao ser humano.

O grupo deste semestre possui doze pessoas que vieram aprender o que fazer com situações, que classificam de difíceis. Minha forma de conduzir o encontro é solicitar a cada uma que se apresente e diga o que busca, porque é da somatória das solicitações que sairá o conteúdo de nosso estudo.

Feita a apresentação, anotamos as solicitações:

- "tenho medo do que vejo" (vidência);
- "sinto presenças invisíveis no ambiente";

- "minha mulher acorda durante a noite, fala com voz estranha, fica com um olhar distante, na manhã seguinte não lembra de nada" (psicofonia);
- "escuto uma voz que fala lá dentro de mim";
- "tenho uns arrepios estranhos que correm o meu corpo",
- "quando chego perto de certas pessoas que estão com dores, também passo a sentir as mesmas dores",
- "tenho uma dor que anda pelo corpo e não tem causa diagnosticada";
- ideias obsessivas.

Cada um vai se colocando e eu vou anotando, explicando, introduzindo a noção de que não somos apenas um corpo, mas somos almas, agora encarnadas, numa experiência que vai enriquecer nossa consciência um pouco mais, cada um a seu tempo, de seu jeito, dentro de sua própria capacidade de compreensão.

Apresento aquela velha e boa ilustração, que antes era feita em cartaz de cartolina, mas agora na forma digitalizada:

Frequência vibratória

Espiritual
Mental
Astral
Etérico   "desconhecido"

Raio Cósmico   mais rápidas
Raio Gama
Raio X
Luz (côr)
Calor
Eletricidade
Som
Sólido   mais lentas

- corpo físico;
- duplo etérico
- campo astral;
- campo mental;
- espírito, alma, essência, self – Deus em mim ou outro nome qualquer que você queira dar, porque aquilo que você pode nomear ainda não é o verdadeiro – inominável; aquilo que você pode nomear é apenas o conceito que você faz Dele.

Cada um de nós tem um sistema psíquico tão importante quanto o corpo físico, eles atuam em parceria. Corpo e psique trabalham juntos, de mãos dadas o tempo todo. Pensar corpo e mente, separadamente, é fazer uma ruptura dum sistema único. Não é corpo e mente, mas sim, corpomente, compondo uma unidade. Corpo é mente densificada.

Corpo físico – a máquina maravilhosa que permite a expressão de sua essência no meio biológico; é por ele que traduzimos a expressão de nossa alma; se eu quero falar, ele oferta a voz; se eu quero escrever, lá está todo o sistema nervoso e muscular à minha disposição, para a organização das ideias. Quem acode com presteza, é a inteligência albergada na mente.

Temos um sistema complexo, colocado à disposição do espírito, para que ele possa se expressar. Quando esses campos estão harmoniosamente alinhados, nos sentimos saudáveis, mas quando ocorre uma desarmonia, o corpo dá sinal e grita criando sintomas para que a consciência saiba que há um ajuste a ser feito, porque somos os gerenciadores desse sistema, sabendo ou não disso. Assim, quando falta combustível para manutenção, sentimos fome ou sede.

Como há necessidade de reposição alimentar, nos alimentamos; como há necessidade de oxigênio para a transformação dos alimentos, respiramos; como há necessidade de descanso, sentimos sono. Um sistema interfere no outro.

À medida que falo, vou observando a expressão, o olhar dos alunos e dos clientes. Busco perceber se estão interessados, se estão entendendo, porque eu tenho algumas informações e eles têm as próprias experiências, que precisam ser cruzadas, para a busca de novas habilidades, assim poderão conviver mais confortavelmente em suas situações. Buscamos juntos na experimentação, daí a denominação "Laboratório de Mediunidade":

- um trabalho de experimentação;
- um trabalho de observação;
- um trabalho de desenvolvimento de habilidades.

Desenvolver sua própria potencialidade foi o meio que o homem arrumou para sair das cavernas e chegar até aqui; aprendeu a andar, a correr, a falar, a escrever... e, por desenvolver muitas habilidades, foi podendo se posicionar melhor no mundo em que vive.

O desenvolvimento dotou o homem de mais competência, de mais capacidade; devagar fomos descobrindo que nosso desenvolvimento ocorre por meio de uma operação:

informação + treino (esforço) = aprendizagem

É esse o nosso objetivo no laboratório, nos cursos, nos encontros presenciais no contato com o livro: um esforço de aprendizagem que ajude cada um a viver mais confortavelmente dentro das próprias situações.

Alguns alunos repartem seu conhecimento com o grupo sobre o duplo etérico – uma emanação do corpo que atua como uma "cola" entre o corpo físico e o campo astral. Sendo emanação do corpo, surge e termina com ele, absorve e acumula energia do ambiente e, depois, a envia ao corpo físico, servindo de intermediário ou ponte entre o universo físico e o campo astral. O duplo e o corpo biológico são tão íntimos, que se uma lesão no corpo denso o atinge, há uma repercussão no duplo etérico.

Uma moça nova no grupo pergunta:

— Esse duplo, não entendi, se fica do lado das coisas físicas, palpáveis ou se fica do lado das coisas etéricas, impalpáveis.

— Fica entre eles, do ponto de vista da estrutura física, o duplo é toda a irradiação energética do corpo.

— Que é irradiação energética? — essa pergunta elevou-se no ar, vinda da mesma moça.

Então, pensei com meus botões: "Ela não sabe o que é irradiação, não vai entender o resto, estamos esbarrando no vocabulário".

— Irradiação é o ato de emitir, de lançar algo de si. Uma estrela emite luz, você emite calor. O calor que seu corpo emite é parte integrante do seu duplo etérico, o brilho do olhar também. Você pode avaliar como uma pessoa está, pelo brilho do olhar dela.

Pensei que teria de adequar, de modo mais lento, o andamento das explicações, porque nossa participante dava mostras de: muita maquiagem, "muito cabelo", amplos decotes, enormes sapatos, muitos *piercings*, uma tatuagem no ombro e... vocabulário pobre. Era a minha oportunidade de rever os meus preconceitos e, num diálogo interno, disse pra mim: "Uma professora preconceituosa... é nisso que você quer permanecer, Aparecida?" E voltei à explicação:

— O duplo é a somatória das radiações do corpo biológico, não é fantasma, não é religião, é radiação, por exemplo: o eletrocardiograma é o duplo do seu coração.

Olhei o ar de espanto em muitos rostos na sala. Amo fazer essa leitura de expressões durante os encontros, um dia ainda gravo isso como recurso didático.

Prossegui: o eletrocardiograma é a constatação que o duplo etérico existe, porque ele é o registro da atividade elétrica que percorre todo o músculo cardíaco, desde seu ponto de origem, no nó sinoatrial, passando pelas fibras de Purkinje, até atingir as demais estruturas do coração. Em vez de pedir um eletrocardiograma, poderíamos pedir uma avaliação do duplo etérico do coração. Outros exemplos: o eletroencefalograma é o registro das atividades elétricas de seu cérebro e, quando você faz uma ultrassonografia de um órgão, está constatando uma emanação dele.

Um rapaz perguntou:

— E no caso de uma tomografia, ou de uma ressonância magnética, é o mesmo raciocínio?

— Sim.

— De que raciocínio vocês estão falando? — perguntou a moça dos amplos decotes.

Antes de responder, olhei para o crachá que cada aluno usava, onde se podia ler o nome do participante, li: Rebel. Pensei que poderia ser o diminutivo de Rebelde... Ri lá por dentro e, munindo-me de paciência num misto de boa vontade, não poupei explicações:

— Rebel, pense comigo, quando você faz uma tomografia, é uma radiografia mais "modernosa", numa técnica mais elaborada que fotografa lá dentro de você, e então o médico, lendo as imagens, fica sabendo se aquela parte radiografada está saudável ou não. No caso de uma ressonância magnética, o cidadão é colocado dentro de um aparelho que tem um imã muito potente. A radiação, a onda do imã vai até o órgão a ser pesquisado e o órgão dá uma resposta a esse estímulo. Esse "diálogo" é passado para uma telinha, e então é lido pelo médico que, pela resposta dada pelo órgão, sabe se ele está saudável ou não. Continue no mesmo raciocínio: o duplo é essa emanação biológica, entenda o duplo também como um campo de sustentação do corpo, pois, se não houver uma força de interação, os átomos componentes da matéria não se agregam para formar o tecido que compõe os órgãos físicos.

— Então, a ligação desses átomos que compõem as moléculas (que formam o tecido) depende de forças que agregam as partículas? — perguntou o acompanhante da moça.

— É isso, essas forças promovem a consistência da matéria e, ao conjunto de forças, damos o nome de campo eletromagnético. O corpo biológico é um reflexo desse potencial agregador. O duplo hoje faz parte da abordagem da área médica:

- a ressonância nuclear magnética vai mapear a anatomia do corpo a partir das radiações magnéticas;
- o ultrassom fará a mesma coisa;
- o teste ergométrico também.

A pesquisa e os resultados na área da saúde estão cada vez mais mapeando o duplo, pelas representações de nosso corpo biológico. O estudo do duplo é uma tendência dentro da área da saúde que se aprimora graças à tecnologia.

— Ah! Mas o médico não fala nada disso! — considerou Rebel.

— Não é dado o nome de duplo etérico, porque não existe vinculada, essa compreensão. Para você introduzir esse conceito dentro dos estudos da medicina, é preciso definir o ser humano numa amplitude maior do que aquela em que ele é visto, é preciso chegar até a alma, à essência da matéria, e a medicina não tem essa preocupação. Sua preocupação é mais pragmática, graças a Deus, pois, a hora que um cliente entra sangrando não é momento de ruminar questões filosóficas, metafísicas, mas sim, de correr para estancar o sangue e cuidar para evitar infecções. Tudo tem sua hora, seu momento.

Dia virá que a medicina estenderá seu olhar à direção do espírito, e isso já acontece em alguma escala. A Associação de Médicos Espíritas existe; os congressos acontecem pra quem quiser participar; em algumas universidades do país, há uma cadeira chamada "Medicina e Espiritualidade", e é muito lindo ouvir a fala dos estudantes que frequentam essas aulas, quando contam a diferença que faz, no íntimo do profissional, a agregação da ideia de cuidar não apenas do corpo, mas de todo o ser. Participem dos congressos, vocês vão aprender bastante.

— Ah! não sou médica!

— Não é necessário ser médico para entender, basta ser inteligente, para entrar, basta comprar o ingresso... (Para o pessoal da Astrologia: (♂II) Meu Marte em gêmeos começava a funcionar).

Para gravar mais facilmente, voltei-me para a lousa e escrevi:

- Temperatura — calor do corpo → é duplo etérico.
- Quando o corpo morre, o duplo morre também.
- Duplo é a parte que agrega as energias que permitem a consistência da matéria biológica, promovendo a adaptação da alma no meio físico.

E continuei explicando:

— Imagine que quando o cidadão morre, o espírito vai viver numa outra dimensão, aí nessa outra dimensão, terá um outro duplo, porque aquele utilizado aqui, por aqui fica, se desfaz como a folha que cai da árvore e vira humus. A folha cai e se transforma, mas a árvore continua. O duplo se transforma e o espírito continua.

No laboratório, fazemos uma parte teórica seguida de outra prática, naquele primeiro dia, a regra era caminhar com suavidade, praticando um relaxamento com música delicada e agradável, ao fundo.

Com relação à música, seu uso é bastante recomendado, pois, além de tornar o ambiente mais agradável, ela tem função altamente sensibilizadora, penetrando por outra via que não a do intelecto. A apreciação da arte ultrapassa o pensamento consciente e a apreciação da música, em específico, é um ato criativo da parte do ouvinte, porque cria um espaço interno para abrigar maior sensibilidade.

Acredito na força da música para sensibilização do ser. Sempre sou testemunha de algum trabalho musical.

Certa vez, ainda quando dava aula para os pequeninos, em uma escola infantil, muitos alunos tiveram suas casas devoradas num incêndio, na favela de Heliópolis, na cidade de São Paulo. Cada um tentou ajudar como pôde, até que apareceu uma ajuda incomum, a de um maestro — Silvio Bacarelli, que entendeu que ensinar música às crianças era o meio de que dispunha para ajudá--las. Todos se lembram desse fato. Ele foi vencendo os desafios e as crianças passaram a ter aulas de música.

A disciplina ganhou nova ênfase na vida daqueles alunos, o compromisso com o instrumento musical e com a aprendizagem também. A noção de participação, de socialização ganhou um colorido mais forte.

Das proximidades, fiquei observando o milagre do maestro, o da transformação no interior daqueles que se aproximaram do trabalho dele. Foi arrepiante ouvir, depois de algum tempo, a fala de seus alunos "de como a música venceu o crime".

Bem, em nosso grupo de estudo, já era hora de terminar o encontro. A música foi tomando conta, preenchendo o ambiente, envolvendo cada participante.

Solicitamos a presença de nossos amigos espirituais, para que suas emanações energéticas pudessem começar a ser perce-bidas pelos participantes – que é a fase inicial do transe. Fizemos nosso exercício.

Antes de nos despedirmos, como de costume, fiz uma recomendação de "lição de casa": pesquisar o tema abordado — "duplo etérico", visando:

- à ampliação do conceito;
- à formação do hábito de pesquisa;
- à reflexão.

Avisei que não haveria correção de lição de casa, que se tratava apenas de uma sugestão — levá-la adiante ou não. Ficaria por conta e responsabilidade de cada um, ficaria por conta da ajuda que cada pessoa dá a si mesma, numa oportunidade de conhecer sua própria dinâmica.

As estatísticas mostram que o espírita é um dos grupos que cultiva bastante a leitura, observe que cada centro espírita sempre tem um curso, um grupo de estudos ou uma livraria.

O perfil do espírita kardecista, traçado pelo doutor Alexander Moreira de Almeida, na sua tese de doutorado (USP – fevereiro de 2005), na área de psiquiatria, que tem como título: "Fenomenologia das experiências mediúnicas, perfil e psicopatologia de médiuns espíritas", traz as seguintes características:

- 46,5% das pessoas tinham curso superior;
- 76,5% eram mulheres;
- menos de 3% estavam desempregados;
- idade média: 48 anos.

A maioria era espírita há mais de 16 anos e veio de famílias não espíritas. As vivências mediúnicas começaram na infância.

Durante muito tempo a psiquiatria encarou a mediunidade como "transtorno mental" — conta o médico. "Só a partir das décadas de 1950/1960 é que houve uma mudança de mentalidade, e essas manifestações passaram a ser vistas como não patológicas, quando vivenciadas dentro de uma religião.

Ele observa que sua pesquisa "se encaixa no censo do Instituto Brasileiro de Geografia e Estatística (IBGE)" da época, que mostra um crescimento proporcional de espíritas conforme um maior grau de escolaridade da população. "De acordo com o doutor Almeida, o censo ainda mostrou que o espiritismo ocupa a quarta posição entre as religiões praticadas no Brasil, país com maior população espírita do mundo.

A tese está disponível aos interessados, para consulta, no *site* www.teses.usp.br/teses disponíveis.

Ao final, na despedida, reiteramos a data do próximo encontro. Os alunos foram saindo e uma moça veio à minha direção, trazida pelas mãos de um aluno mais antigo – o Alcli –, que já frequentava a clínica a algum tempo:

— Aparecida, esta é a Rebel, minha namorada, ela tem algumas características muito próximas da mediunidade. Convidei-a para estar conosco neste semestre.

Sorri, um sorriso do tipo Monalisa, como convém a uma professora sexagenária, que faz um esforço sincero para deixar de lado os preconceitos conscientes (era a moça das tatuagens):

— Seja bem-vinda. Gostei de sua participação, deu a oportunidade de me situar melhor junto à classe, se ninguém se manifesta não sei se estão acompanhando. Aguardo vocês na próxima semana.

Descemos as escadas, todos já tinham ido, e enquanto eu revisava o fechamento da clínica, observava o meu preconceito: "cheia de tatuagens e *peircings*". E a "voz muda", que mora dentro de cada um, completou: "e abriga, em si, um deus embrionário..."

Resolvi, lá na consciência, que é onde mora o arbítrio, que cada um se adorna como gosta, que cada um tem direito ao seu próprio conceito de beleza e que eu não era nenhuma *lady* e, às vezes, até "meio perua". Portanto Rebel que usasse o que quisesse, e eu não tinha de criticar interiormente suas opções.

Elegi a minha lição da semana: aceitação do jeito de ser do outro. Afinal, as tatuagens eram dela e não minhas. A "voz muda" falou de novo: "Aparecida, por que você se incomoda com a tatuagem alheia? O que será que você está projetando?".

Lembrei-me das aulas e dos seminários de projeção, em que o professor ressaltava que a projeção é um processo que nossa psique usa como defesa, é quando tenho alguma coisa escondida lá dentro de mim, e não sou ainda, capaz de olhá-la de frente. É um processo automático que dispara, quando um conteúdo do nosso inconsciente vem à tona, só que percebido como pertencente ao outro.

Vi aquela moça, Rebel, cheia de penduricalhos, olhei lá dentro de mim e perguntei-me: "Aparecida, por que você se incomodou tanto com os adornos da moça? Será que você também não pensa em fazer umas tatuagens?". E o diálogo interno foi se desenrolando: "Claro que não, parece coisa de presidiário, de pirata". E a "voz muda" continuou: "Olha os extremos Aparecida, o presidiário pode representar o aprisionamento de um lado, e o pirata, a liberdade do outro. O que está aprisionado dentro de você?". Naquele momento, desliguei a "voz muda", entrei no carro e fui pra casa.

No banho, antes de dormir, a voz interna voltou: "Você já analisou por que se sentiu incomodada com as tatuagens?" Resposta imediata: "Não! Estou cansada e vou dormir, amanhã penso nisso. Vá dormir você também". Fui dormir, agradeci o dia de trabalho, pedi que quando minha consciência se desligasse do corpo, pudesse ir a um estágio, em outra dimensão, de preferência a um núcleo que estivesse realizando abordagem sobre "Símbolos e Projeções", afinal o pessoal da Psicologia que já desencarnou não deve ter ficado à margem do processo evolutivo, e eu poderia apreender algo que, provavelmente, na manhã seguinte, lembraria, como quem lembra de um sonho. Ou então, ficaria engavetado lá na memória, até que, acordada, conseguisse fazer uma associação de ideias. Assim, aquela ideia "sonhada" teria oportunidade de vir à consciência.

Quando ocorre uma projeção, é porque já começamos a fazer algum contato com o material psíquico não reconhecido.

Nós nos defrontamos com as projeções, não as criamos. A razão psicológica da projeção é sempre um inconsciente ativado que busca expressão. O que eu poderia querer expressar que estava retido?

As projeções nos mostram aspectos de nossa própria face oculta e atuam como espelhos refletores; quando elas ocorrem, é porque há um *quantum* de energia querendo ingressar em nossa consciência, mas não estamos permitindo. Uma projeção é a percepção desatualizada de nós mesmos, se não percebo que não sei trabalhar com liderança, a presença de um líder nas imediações passa a me incomodar. Deixei as ideias de lado, pois quem falava mais alto era o sono; qualquer que fosse o recado da projeção ficaria para depois.

O campo das emoções

Uma semana depois, estávamos novamente reunidos para nosso estudo. No desenrolar da parte teórica, abrimos espaço para verificação da lição de casa, isto é, para apurar se alguém havia lido, pesquisado alguma coisa ou se colocar para o grupo. Chamo esta parte do encontro de "repartir conhecimento" — momento de troca das ideias encontradas. Perguntei se alguém tinha estudado, lido algo sobre duplo etérico. Ninguém se manifestou, fui adiante:

— Hoje vamos conversar um pouco sobre campo astral. Estudaremos nossas emoções, nossos sentimentos, nossos impulsos e nossa forma de reagir — cuja denominação é campo astral. Esse campo pré-existe ao nascimento e não termina com a morte. Nossas emoções, nossos sentimentos e nosso psiquismo vão seguindo conosco, apenas o corpo biológico fica. As nossas emoções (campo astral) atuam no corpo físico, a partir do sistema límbico.

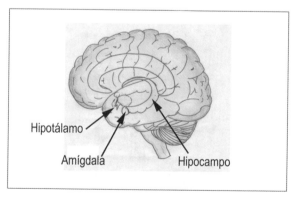

O sistema límbico é localizado na face medial do hemisfério cerebral, margeando o corpo caloso, e se apresenta como uma unidade responsável pelas emoções.

— Que emoções conhecemos? — perguntei.

Chegaram algumas respostas:

- Amor.
- Raiva.
- Medo.
- Tristeza.
- Alegria.
- Simpatia.
- Vaidade.
- Ciúme.
- Arrogância.
- Ansiedade.
- Repugnância.

— Podemos pensar que a emoção é aquilo que dá colorido à vida, sentimos medo em face de uma ameaça; sentimos tristeza diante da perda ou ficamos com raiva, quando não somos atendidos. A origem da palavra "emoção" é latina – *emovere,* que é o ato de deslocar. Podemos pensar em "emoção", literalmente como movimento.

— Movimento de quê? — perguntou Alcli.

— Movimento da energia causada pela emoção, no corpo.

— Dá pra explicar melhor?

— Perceba que a emoção percorre um caminho no corpo, você vê um bebê fofinho, dá vontade de fazer-lhe um carinho. As crianças veem um brinquedo de pelúcia e esticam as mãozinhas para pegá-lo. Ver o brinquedo foi um estímulo para tocá-lo. Dentro do corpo, o ver tem um caminho.

Então fui até a lousa e desenhei:

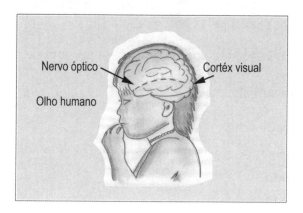

O estímulo luminoso → penetra no interior do olho humano → passa pela retina → bastonetes e cones → nervo óptico → córtex visual (região detrás da cabeça).

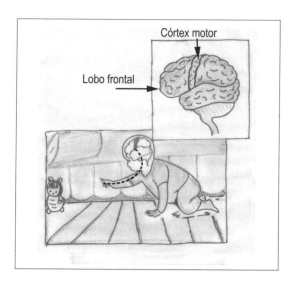

Tocar, pegar o brinquedo possui um outro caminho e é resposta ao que foi visto.

Córtex motor → tálamo → tronco encefálico → medula espinhal → pares de nervos raquidianos → placa motora → contração dos músculos responsáveis por esticar braços e mãos → ação de buscar o brinquedo.

— Você gasta energia para ver e gasta energia para tocar.

— Eu não sabia que pra ver a gente gasta energia — falou Rebel, em tom crítico.

— Rebel, você pensa que sabe tudo? Ou que alguém sabe tudo? Quanto mais aprendemos, mais notamos que ainda temos muito a aprender.

Seguidamente, retomei a explicação: emoção é o que sinto e se sinto prazer, quero me aproximar; se sinto raiva, quero me afastar e quem não educou a raiva quer bater, agredir.

— Tem gente que não fica só "no quero bater", parte pra cima, é só olhar para a torcida de futebol — comentou Alcli.

— Verdade! Então, como estamos observando, uma emoção possui reação orgânica que pode ser curta (raivinha), ou mais longa (óóódio), isso equivale a dizer que o campo astral tem uma mobilidade muito grande, mudamos de emoção constantemente e nosso campo astral sofre variações vibracionais, em cada uma delas. Nas próximas vezes que você ficar com muita raiva, lembre-se de observar seu corpo e notará o bater acelerado do coração, a respiração ofegante... Tenho clientes que, depois de uma boa tensão nervosa, têm desarranjos intestinais, o aparelho digestivo é ativado e o cidadão não sabe por quê.

Uma aluna, já com alguns cabelos brancos e expressão maternal, perguntou:

— Podemos dizer que a emoção é um processo dinâmico, que leva a uma resposta, a um comportamento estimulado e orientado por questões mentais?

— Por meio de questões mentais, biológicas e sociais, aprendemos a responder aos estímulos do meio à nossa volta, e podemos modificar e educar nossas emoções. Ninguém vai "desenvolver mediunidade" ou educar a mediunidade sem antes educar as próprias emoções.

— Mas o que a mediunidade tem a ver com as emoções? — perguntou Rebel.

— Campo astral é o campo das emoções. Alguém respondeu.

Retomei a fala:

— O conceito de "campo astral" trazido à discussão, remete-nos à vidência. Temos médiuns videntes na sala, alguém gostaria de se colocar? Vinícius, integrante do grupo respondeu:

— Eu percebo o campo astral, como uma cópia do corpo físico que se estende para além dos seus limites, eles se interpenetram e a "matéria astral" corresponde, com exatidão, à matéria física. Eu percebo o corpo astral, como um outro corpo igual, numa outra dimensão, mas essa outra não é lá longe, é aqui e está presente agora. Ele tem grande mobilidade porque é o veículo dos sentimentos e emoções, e nossos sentimentos não são estáticos, mudam minuto a minuto. Quando a pessoa está calma, ele tem uma cor e uma aparência, quando a pessoa está exaltada, há modificações e tempestades no campo astral.

— Agimos muito mais em função de nossas emoções do que em termos lúcidos de inteligência. Elas podem atuar como poderosos impulsos na determinação de nosso comportamento. A raiva pode nos conduzir à luta; o medo, à fuga; a mágoa e o pesar podem apresentar ligação com o choro e o amor tende a nos aproximar do objeto amado — completei.

Continuei explicando: observem que uma pessoa vive a emoção em todas as ramificações:

- física: chora de raiva (lágrimas);
- mental:"como posso mudar esta situação?" (pensamento);
- social: "vou passar com o carro por cima dele" e, na sequência, responder a um processo criminal, com

todas as consequências implícitas, sobretudo, com as mediúnicas.

— Implicações mediúnicas?

— Sim! Estamos todos ligados a tudo, é o "somos um". Ligamo-nos a diferentes planos energéticos, pelo botão da sintonia, igual a um canal de televisão, quando sintonizamos uma emissora ou outra, ou como o rádio, quando ouvimos uma estação ou outra – a escolha depende de nós. Em termos mediúnicos, nós nos ligamos na estação dos produtivos, dos inativos, dos alegres, dos tristes, dos raivosos ou dos serenos.

— Como é que funciona esse botão, onde o encontro? — perguntou Rebel, em tom debochado.

— Encontrará dentro de você, claro que se dispuser a procurá-lo. Você se acha capaz de investigar aí, no próprio interior? Se acha capaz de fazer um inventário interno, uma busca criteriosa em você mesma, para conhecer a própria dinâmica?

Se disser que sim, poderemos caminhar rumo a esse objetivo, se disser que não, ninguém poderá fazer nada. Aceitaremos sua escolha — qualquer que seja. Lembrando que ninguém se alimenta pelo estômago alheio, a cada um cabe digerir seu próprio alimento. Quando cultivamos a tristeza, fazemos contato com o astral dos tristes; quando somos violentos, entramos no astral da violência; quando estamos confiantes, nos ligamos ao astral da confiança, e por aí segue. É a nossa forma de ser, a nossa forma de sentir, pensar e agir que é o botão sintonizador; está feita a apresentação do "Sr. Sintônio Mercurial da Silva", que é muito eficiente e funciona mesmo quando eu não sei que ele existe. Nossa vida emocional, nossa vida afetiva — afetiva é o que afeta, no seu sentido mais amplo — abriga duas condições básicas: o prazer e a dor, e o "Sintônio" corre a nos contatar com o respectivo astral do prazer ou da dor.

À medida que a aula transcorria, eu podia observar o olhar surpreso dos alunos novos. Eles não estavam habituados a essa

31

linha de raciocínio. Alguns esperavam que no "Laboratório de Mediunidade" tivesse uma respeitável mãe de santo ou uma orientadora de fala nitidamente evangélica, portanto, eu não sei se os decepcionava, mas, nitidamente, eu os surpreendia.

— No meu entender, educar as emoções é parte importantíssima do desenvolvimento mediúnico. Os médiuns são pessoas que captam energias sutis, elementos delicados, vibrações. Muitas vezes, mesmo sem saber, captam emoções, ideias, uma vez que, pensamentos e sentimentos têm constituição energética. Precisávamos estudar, aprimorar nossos métodos de observação o que vai acontecendo, gradativamente, no decorrer de nossos encontros.

Imagine você: possuir capacidade de captação da energia emocional do outro, sem que se tenha conhecimento disso! Habitualmente acreditamos que aquilo que sentimos, fomos nós que demos origem . Estamos habituados a pensar que tudo o que aparece em mim, é meu. Uma observação mais apurada pode revelar outra dimensão da questão.

Temos na clínica uma terapeuta, médium de acentuada sensibilidade, que sente em si, no próprio corpo, as sensações que seus clientes trazem, em forma de queixas. Descobrir isso lhe valeu uma profissão, além de poupá-la de muitos dissabores. O processo se passa como uma contaminação energética, o cliente chega com seu pacote energético, fala "naquilo", expressa seus sentimentos, relata suas experiências, faz suas considerações, suas lamúrias, em outra palavras, espalha "aquilo" no ar. E nossa terapeuta, ao ouvir seu relato, se deixa "contaminar" pela energia do cliente. Seria mais o menos como pegar um resfriado, quando o sistema imunológico abaixa a resistência e é invadido por um vírus, que se hospeda sem pagar aluguel. Contaminação energética funciona bem próximo disso."

— E tem vacina contra "esse resfriado"?

— Tem! O desenvolvimento de si mesmo, viver conscientemente, o conhecimento da dinâmica emocional e do pensamento são os componentes da vacina. Contudo, o uso adequado da consciência não é automático; o conhecimento de si mesmo não é bombeado da mesma forma que o coração bombeia o sangue, o conhecimento de si mesmo é um ato de escolha. Somos livres para buscar a extensão ou a contenção da nossa consciência. Podemos caminhar na direção que escolhermos. Podemos pesquisar ou não, podemos aprender ou não.

Aprender tem preço, não aprender também.
Caminhar tem preço, estacionar também.
Buscar tem preço, ignorar também.

As opções estão aí, este é o significado básico do livre-arbítrio. Podemos escolher entre a clareza e a obscuridade, entre o respeito e a fuga da realidade, entre a orientação ativa ou passiva, entre aceitar ou recusar os desafios que a vida traz, mas lembrando: para qualquer que seja nossa opção, haverá uma consequência.

— Contaminação energética! Dá pra falar um pouco mais sobre isso? — uma das alunas solicitou.

— Pense em termos de captação, de telepatia, na passagem de uma informação de um campo para outro. Coloque uma mecha de algodão seco, junto a uma mecha de algodão molhado na tinta azul; a seca absorverá um pouco da tinta azul. Num transe mediúnico, a mente do mentor ou do obsessor contamina a mente do médium, tanto quanto a mente do professor pode contaminar ou não a mente do aluno com a aprendizagem.

Certa vez, apareceu um cliente bastante angustiado, com dores no peito, sem causa biológica. Sempre peço o parecer do médico do cliente, para saber se não há nada no corpo físico, que possa dar motivo às queixas dele. O rapaz afirmou que seu médico havia informado não ter constatado nenhuma irregularidade, anatomicamente tudo estava em ordem. Observamos que ele tinha uma grande capacidade de captação, uma vez colocado em transe, houve a manifestação de uma entidade que se dizia muito triste, por conta de alguns fatos ocorridos consigo anteriormente, mas quando se aproximava do cliente em questão, se sentia bastante aliviada. Esse quadro ilustra a contaminação energética. A explicação é que a entidade reparte o seu próprio mal-estar (angústia) com o médium.

— Então mediunidade é uma coisa ruim! — exclamou Rebel.

— Audição é um sentido ruim? Não! Você pode ouvir coisas boas ou ruins, assim como os olhos podem observar cenas agradáveis ou desagradáveis. Não é o sentido da visão que é bom ou ruim. No caso da mediunidade, é o mesmo princípio, ela não é boa nem ruim, depende da faixa de sintonia em que o médium está situado. O médium pode perceber o campo do invasor, como um radar, sem se comprometer com ele; é possível aprender a transmutar e liberar energia. Lembra? É como mudar a estação do rádio, sintonizando outra frequência. Isso requer informação e treinamento, ou seja, educação e orientação sobre o próprio potencial. Vale a pena explorar a própria sensibilidade.

Minha experiência clínica na área de mediunidade mostra que não há mediunidade desequilibrada, há pessoas em desequilíbrio; médiuns com dificuldade em lidar com suas próprias emoções e com personalidade em desajuste. Tanto quanto, há médiuns que fazem contato com amigos espirituais serenos, equilibrados, que se manifestam por acordo mútuo, e quando o fazem, trazem, além de ensinamentos esclarecedores, uma sensação de bem-estar. Importante esclarecer que a mediunidade não é boa, nem ruim, é um sentido que, como os demais (tato, visão, audição, olfato ou paladar), ajuda-nos na auto-orientação.

— Você disse que pede o parecer do médico, quando o cliente chega com uma queixa, por quê?

— Creio na integração de conhecimentos, porque um professor tem licença para dar aulas, não para curar e, nem mesmo, para cuidar dos sintomas instalados no corpo físico do aluno. Creio que a verdadeira cura vem do interior da própria pessoa, quando ela muda padrões de pensamento e de comportamento. Vovó, que não conhecia nem Psicologia e nem Metafísica, dizia: "Cada macaco no seu galho".

Quando entramos no processo de auto-educação, conscientemente começamos a propiciar a nós mesmos mais saúde mental, emocional e física, porque começamos a atuar na causa das situações que nos afetam e não apenas nos seus sintomas.

Do ponto de vista fisiológico, o conhecimento para quando chegamos nos micro-organismos. Do ponto de vista psíquico, a vida acaba quando o corpo morre. Do ponto de vista espiritual, a caminhada continua. Do que temos observado quando o cidadão morre, apuramos que seu psiquismo e sua consciência continuam existindo noutra dimensão, do mesmo jeito enquanto estava encarnado. Quem era alegre continua alegre, quem era triste continua triste – isso não se modifica com a morte. O agente modificador é a educação, a compreensão e o esforço consciente para a transformação. E consciência nesta ou noutra dimensão pode causar contaminação energética.

— E em que condições nos contaminamos energeticamente? — a pergunta veio de Alcli.

— Quando somos xeretas, isto é, quando enfiamos o nariz onde não fomos chamados, quando nos responsabilizamos pelos sentimentos alheios, quando nos preocupamos com questões que não nos dizem respeito, quando negligenciamos o próprio conhecimento, quando abrigamos a intolerância, quando estamos desejosos da aprovação do outro – assim, abrimos nossas "portas", e então, ficamos à disposição de quem entrar.

— Só nos contaminamos com coisas ruins? — perguntou Rebel.

— Não! Quando vamos ao concerto, nos contaminamos com a música e, na classe, com o ensino.

— A preocupação nos deixa vulneráveis? É isso?

— É! A preocupação como tudo tem aspectos positivos e negativos. Ainda quando dava aula para os pequeninos, fui procurada pela mãe de um dos alunos que me relatou: "Professora! Fico muito preocupada quando meu filho tem provas..."

— Mãe, você fará melhor se, em vez de preocupar-se, ocupar-se do menino, convidando-o a estudar e acompanhando o rendimento escolar do pequeno. Essas são pequenas ações que ajudarão a deixá-la confiante, em vez de preocupada. Nunca vi ninguém preocupado com coisa boa, só com coisa ruim. Na preocupação, o foco mental é posto na própria preocupação e não na solução da questão. Enquanto nos mantemos preocupados, pouca energia resta para a coragem, autodomínio ou confronto. Não sobra energia para sustentar a firmeza no bem. Quando não me mantenho em fazer o bem a mim mesma, abro minhas portas para possíveis invasões.

Trazer essa questão para olhá-la mais de perto ajuda bastante e você pode escolher:

- ser parte do problema que a aflige ou
- ser parte da solução.

Eu escolhi que prefiro — porque realmente é uma preferência — sair no bloco da solução. Quando uma pessoa me escolhe para fazer parte de seu time de trabalho, ela espera que eu traga soluções. E eu, o que espero?

Apresentada a teoria do campo astral, fomos abrindo espaço para a parte prática. Iniciamos com um exercício de serenidade, facilitado com música suave e exercícios respiratórios. A proposta era ir num crescente com os exercícios. O relaxamento atua como uma limpeza energética, nele treinamos acalmar nosso sistema nervoso.

Então, nos colocamos como observadores de nós mesmos, pois somos a um só tempo:

- observador;
- coisa observada e
- o próprio processo de observação.

Durante o exercício, quando estamos mais serenos, temos mais oportunidades de perceber as energias do ambiente, e, na sequência, atentar para a aproximação de nossos amigos espirituais, que nos auxiliam enviando fluxos energéticos — ora mais densos, ora mais sutis — para facilitar o treinamento do grupo.

— Nosso treino hoje é ficarmos atentos às nossas sensações. Amigos espirituais enviam um jato energético e nós o percebemos como sensação; é o sistema nervoso participando do processo. O médium pode sentir a proximidade da entidade e constatá-la pela sensação de arrepio que percorre o corpo, por um friozinho ou elevação da temperatura. Cada um apresenta um processo, alguns percebem um amigo mais leve (mentor); outros, um amigo mais denso (obsessor).

Com um pouco de treino, desenvolvemos essa habilidade e, cada vez mais, aclaramos a percepção energética.

— É sempre um amigo?

— Sim.

— E obsessor ?

— É um amigo também. E só se aproxima porque estamos próximos,
- só invade porque somos "invadíveis",
- só aborrece porque somos passíveis de aborrecimento,
- só entra porque deixamos a porta aberta (por sintonia).

A sua presença, em nosso campo, é um sinal claro de que estamos na outra ponta do mesmo fio. Em outras palavras, ele apenas potencializa e sinaliza o que possuo e não identifico. Perceba-o como uma projeção e não como um inimigo, ele não é o grande vilão e nós não somos suas grandes vítimas. Afinal, se ele se aproximou, é porque havia possibilidade para isso, e a vida não erra... Ouço muito esta fala dos alunos: "Nada é por acaso", e, se nada é por acaso, a presença de um espírito que classificamos como obsessor, também não é mero acaso. Em vez do médium se esconder e de apresentar desculpas, é hora de usar sua agressividade em benefício próprio, na forma de coragem para enfrentar a situação, perguntando-se:

- Como?
- Qual a dinâmica que realizo que me remete a esta situação?

— Ah! Mas eu sempre pensei que médiuns atraíssem obsessores para ajudar a limpar os outros...

— Também existe essa finalidade de faxina, mas sempre pergunte: o que eu posso aprender com a presente situação? E você começará a descortinar um pouco mais o universo da aprendizagem mediúnica.

Na sequência, fizemos nosso exercício mediúnico da noite. Concluindo nosso encontro, combinamos que a lição de casa da semana seria ficarmos atentos, para conhecermos um pouco mais nossas próprias emoções. Então fui até a lousa e escrevi:

Lição de Casa:

1°) Faça um inventário das emoções ao final de cada dia, registre-as num caderno e, ao final da semana, observe qual foi a emoção mais frequente.

2°) Registrando-as, busque conhecer um pouco sobre elas.

Despedimo-nos, com a promessa de retornarmos em uma semana.

De minha parte, sempre faço a lição combinada, acho que é exatamente por isso que oriento o grupo. No final da semana, tinha registrado com mais frequência a palavra ansiedade.

Busquei observar o meu momento de vida. Por que a ansiedade se insinuava em meu caminho? E a resposta não se fez esperar: eu estava começando um trabalho novo e grandioso aos sessenta anos, era um desafio. Aí estava a causa da ansiedade. Por outro lado, creio também que é na situação nova, no momento de transição de um estado já definido para um novo, que mora a força de criação, e que ela cessa no momento de repouso.

Creio que, na possibilidade do novo, a alma cresce.

Creio que o novo propicia a oportunidade da alma vir a ser, de atuar.

Ficar com a inquietação causada pela ansiedade é desconfortável, resolvi que preferia dar a mão ao Pai do Céu e caminhar de mãos dadas, rumo à realização.

A resolução de segurar na mão de Deus, eu reputo como uma conquista. A conquista da confiança, confiança de que não estou sozinha, de que devo sim, me colocar no campo de ação, esgotando minhas reais possibilidades, pois confiar não é deixar a vida fazer o que você já sabe e pode fazer – isso é comodismo.

Dentre minhas crenças, guardo uma muito produtiva: realização sem ação é ilusão.

Vovó diria: "Tudo tem função nobre, inclusive a ansiedade".

Frustração

Como nossos encontros são semanais, guardamos as noites das sextas-feiras com essa finalidade. Também costumo cumprir o horário com bastante firmeza – o que já se constitui num treino disciplinar – e sempre verifico a lição de casa, para ir sinalizando a importância de treinar, no cotidiano, o que aprendemos. Se não houver treino, tudo fica apenas no plano da informação e logo cai no poço do esquecimento.

Há um princípio pedagógico que diz que a experiência consolida a aprendizagem.

Se não praticarmos o que falamos, ficamos exatamente no lugar onde estamos.

A transcendência é feita no cotidiano.
Aproximar a ação do discurso é o desafio do ser.
Cada um é responsável por sua fala.
Cada um é responsável por seu ato.
Pense se suas palavras e seus atos seguem a mesma direção.
Um professor passa informações, um mestre torna-se o que apregoa.

Vovó diria: "Conheça a árvore pelo fruto".

Ao sair do universo das reflexões, trouxe minha consciência para a sala de aula, observei a minha satisfação, meu pequeno coração de professora estava em festa, meus alunos traziam--me a oportunidade de dar voz às minhas ideias e de conduzir minhas expectativas à realização. Seus olhos tinham o brilho da curiosidade.

À medida que o grupo caminha e fica mais solto, baixa a guarda e os participantes ficam mais confiantes, perguntam, dão palpites, tornam-se participantes de fato, saindo da condição de meros ouvintes.

Quando perguntei quem havia feito observação das próprias emoções, dona Clara falou:

— Eu notei que com bastante frequência fiquei magoada (fez um calendário).

- **sábado**: meu filho soube que não passou para a segunda fase do vestibular;
- **domingo**: meu irmão, que vinha me visitar, ligou dizendo que não poderia comparecer ao almoço programado, porque havia acontecido um imprevisto;
- **segunda-feira**: queimou a TV bem na hora da novela – minha única diversão;
- **terça-feira**: meu marido avisou que ia ao jogo na quarta-feira;
- **quarta-feira**: ele foi ao jogo;
- **quinta-feira**: o dentista não me atendeu, ficou doente; minha mãe também adoeceu;
- **sexta-feira**: meu cachorro morreu.

Perguntei a ela se gostaria de olhar suas questões, por um outro ângulo, ela respondeu que sim, então fui para aquele "calendário de mágoas" e troquei o nome para "calendário de insatisfações", em razão de sua noção inadequada de poder e de insatisfações serem frutos de sua pretensão.

Analisamos o primeiro item:

sábado: "meu filho soube que não passou para a segunda fase do vestibular".

— De fato reconhecemos que não é a coisa mais agradável do mundo, mas o que a senhora pode efetivamente fazer?

Quem precisa se preparar melhor para o vestibular? Não dá para estudarmos pelo outro.

Quem pode determinar a intensidade de aplicação ou ânimo para o estudo?

A senhora pode administrar o vestibular?

A senhora pode administrar os sentimentos de seu filho?

O único sentimento que podemos administrar é o nosso, a única frustração que pode ser ajustada em mim, é a minha e, em você, é a sua.

Se hoje atentarmos para nossa frustração e percebermos que ela tem o tamanho exato de nossa expectativa, já terá valido o encontro.

Usar a frustração como um sinal de alerta é muito prático.

— Como? Não entendi — disse ela.

— Uma frustração mostra uma falta de habilidade. Ficamos frustrados porque não conseguimos a realização de algo e porque não desenvolvemos nossa habilidade naquele rumo. Habilidade se adquire com treino, desenvolvemos nossa habilidade de leitura e escrita, treinando. Preste atenção no termo desenvolver: significa fazer crescer. Lembre-se da semente: ela se desenvolve, rompe a casca e cresce.

Desenvolver é igual a perder a envolvência.

Quando nascemos, trouxemos conosco sementes divinas (o nosso potencial), e uma variedade delas ficou guardada em nossa mente, esperando ser regada com as experiências, para que pudesse se manifestar.

Antes de alguma coisa se manifestar, dizemos que ela não existe. Somente quando podemos percebê-la é que afirmamos sua existência. Os micróbios sempre existiram, mas antes do surgimento do microscópio, não percebíamos sua existência. Ninguém pode perceber por nós, perceber é um ato da consciência.

Enquanto algo não se manifeste (aprovação no vestibular), não quer dizer que não exista o potencial, apenas permanece inerte, assim como a semente (a possibilidade) que está ali, latente, precisando ser acordada.

A vida é muito generosa e o Pai do Céu e sua criação são perfeitos, não há sementes de segunda linha. Todas as criações que fazemos são manifestações de nossas sementes mentais; dependendo de nossa habilidade em conduzir nossas sementes.

— Clara, eu, você, nós todos estamos desenvolvendo nossas habilidades.

Detive-me nos itens citados por ela, mostrando que havia neles um ponto comum: a frustração. Isso porque o mundo não andava como ela desejava. Também observei que a maior parte dos itens (marido, filho, mãe e dentista) não se referia a ela. Mostrei-lhe duas realidades: a de como o mundo é e a de como Clara gostaria que ele fosse. Quando ele não se apresenta como gostaria que fosse, a moça fica magoada, mas essa mágoa no fundo é um disfarce, uma nuance da raiva, e ela se comporta mais ou menos como uma criança birrenta, que só aceita o doce se for de chocolate.

— Meus amores, não estou criticando! Estou procurando, mostrar um outro ângulo da situação; qual de nós teve a devida alfabetização afetiva? Estamos começando a perceber que nossas emoções têm um teor energético e que são educáveis. Até que a disciplina "Educando nossas emoções" entre nos currículos escolares levará algum tempo...

Naquela noite, conversamos sobre autoimagem, como formamos o conceito que temos de nós mesmos: em casa, na escola, no clube etc.

O conceito, a ideia que tenho de mim são apenas uma imagem, mas não é a minha **essência** — essa é herança divina. "O homem foi criado à imagem e semelhança do Criador" — amo a ideia de que cada humano traz cunhado em si o arquétipo divino, amo a ideia que somos deuses embrionários.

Da mesma forma como isso se processa em nós,

- vamos formando ideias/imagens de como o médium é;
- vamos formando ideias/imagens de como o mentor é;
- vamos formando ideias/imagens de como o criador é o que não quer dizer que sejam, são apenas imagens que elaboramos deles.

Meu amigo espiritual, por vezes, me segreda na forma de "voz muda", que somos muito além daquilo do que pensamos que somos:

"Você não é o que pensa que é; você é muito mais.

Você não é o que viveu; daquilo que viveu, restam apenas as faculdades por ora desenvolvidas, ainda há muito para descobrir sobre si mesma.

Você não é as experiências; elas já se foram e o mundo jamais se repetirá, da mesma forma, ele sempre se renova.

Você tem uma imagem sua formada por suas impressões e, como você sabe, as impressões podem ser mudadas; quando você muda a impressão, você muda o formato da energia."

— Nossa consciência pega só um pedacinho de nosso potencial, voltar a capacidade de observação para nosso universo emocional significa abrir uma porta e poder usar uma ferramenta e tanto a nosso favor. Imagine se algum empresário pode administar uma grande indústria sem conhecê-la. Cada um de nós é o administrador das próprias emoções, sabendo disso ou não.

Já conseguimos identificar alguns sentimentos, algumas emoções, e ainda que não tenhamos fita métrica para medi-los, ou exames de laboratório para constatá-los, ainda assim sabemos da existência deles porque os sentimos em nós. Eles foram ganhando espaço na consciência humana, e hoje uma jovem ciência dá alguns passos na direção de saber o que acontece no interior do homem – a Psicologia.

— Por que jovem ciência, o que você quer dizer com isso? – perguntou Rebel.

— Porque a Psicologia, como a conhecemos no mundo moderno, ganhou *status* de ciência a partir de 1879, quando Wundt criou, em pleno *campus* universitário, em Liepzig, na Alemanha, um laboratório de Psicologia Experimental, e de lá para cá, ela veio caminhando, chegou aqui no Brasil, na USP, na década de 1930/1940, no curso de Filosofia. A profissão de psicólogo foi regulamentada no país em 1962. Por isso é uma ciência que engatinha.

Psicologia – palavra que vem do grego *psike* (alma) e de *logia* (estudo), que teoricamente decodificamos como estudo da alma. Alma! Exatamente um tema que não faz parte dessa área do conhecimento. Ironias do saber... ou dos ditos homens do conhecimento. Não importa. O que vale é que hoje contamos, além do conhecimento à nossa disposição, com:

+ nossa inteligência

+ nossa capacidade de observação

+ nossa curiosidade

+ nossa sensibilidade

= capacidade de compreensão de si mesmo

Qualquer pessoa medianamente inteligente e dotada de alguma sensibilidade não pode crer que, desde as subpartículas atômicas até as centenas de galáxias ordenadas, as coisas aconteceram por acaso. O medianamente inteligente dirá num ato de humildade: "Eu desconheço a causa". Mas qualquer que seja o nome da causa (Criador, Natureza, Princípio ou Deus), reconheço que esse Causador é muuuuuuito inteligente.

Nossa alma, quero crer, não "aconteceu" por acaso, ela é exatamente a minha ligação com o Divino. Na minha particular forma de estudar Psicologia, se há um tema que eu não posso deixar de fora, esse tema é a alma. A alma é o princípio da vida, a fonte da vida em mim. E como a crença é absolutamente livre, cada um escolhe aquilo que quer acreditar, aquilo que quer pensar e caminha colhendo as consequências daquilo que elegeu crer e valorizar.

Escolhemos o que queremos acreditar e como queremos reagir diante da vida.

Voltei à fala de Clara para comentar o evento da sexta-feira: "meu cachorro morreu":

— Morrer faz parte da vida no planeta, tudo que nasce morre, é uma lei biológica. Não adianta brigar com a vida. Eu sei que não é fácil, que dói... mas se ajudar, Clara poderá escolher pensar na perda de uma outra forma, perguntando-se:

- O que o cão significou em minha vida?
- O que despertou em mim?
- O que sua presença me trouxe?
- Que atributos desenvolvi com essa convivência?

Não temos poder sobre a vida de ninguém, nem sobre a vida do cão que amamos. Aprender a orientar nossas emoções trará como benefício viver com mais equilíbrio, o que é muito bom para qualquer pessoa, e principalmente para o médium, aliás, para ele é imprescindível. As emoções nos ajudam a ser mais felizes, mas também podem prejudicar a saúde física e mental. Lembrando que emoção tem frequência, tem vibração e nos coloca em sintonia com espíritos afins.

Orientar não é sufocar, nem largar as rédeas; a emoção precisa ser abrigada pela consciência para ser conhecida, depois orientada, assim poderá tornar-se nossa aliada.

Prossegui:

— Clara, por favor, complete as frases:

- O cão significou para mim a oportunidade de ___.
- Ele despertou em mim o sentimento de ___.
- Notei que a presença dele em casa, despertou ou facilitou o aparecimento de ___.

A finalidade dessas questões era facilitar a Clara que observasse outras formas de lidar com seus próprios sentimentos. Não podemos deter os fatos que a vida traz, mas podemos escolher as respostas que queremos e conseguimos dar a eles. Educar nossas emoções poderia fazer parte dos conteúdos programáticos das escolas oficiais, e também dos centros espíritas – vou morrer gritando isso.

Nosso laboratório de mediunidade guarda metade do tempo para isso. É aí que ocorre verdadeiramente a desobsessão: quando a pessoa, o médium passa a ser responsável pelo seu próprio desenvolvimento emocional — isso é reforma íntima.

— Espere um pouco, você está querendo dizer que é a emoção que nos lança num processo obsessivo? — um dos alunos perguntou.

— Um obsessor é apenas uma entidade que tem algo em comum com o obsediado: alguns pensamentos, valores ou emoções. Essa é a porta de entrada, lembra do plugue e da tomada? O obsessor só entra porque encontra uma porta aberta. Você é

47

o porteiro, é o "tomador" de conta de seus pensamentos e de suas emoções. Quando você abriga no íntimo, ideias sombrias, atrai pessoas encarnadas ou desencarnadas que também possuem a mesma natureza de pensamento:

O alegre atrai gente alegre.
O resmungão atrai gente que resmunga.
O cantor atrai gente que gosta de música.
O professor atrai gente que gosta ou precisa aprender.

Aqui se aplica aquele ensinamento de que os afins se atraem.

Rebel aproveita para perguntar:

— O que é um obsessor?

— É uma pessoa encarnada ou desencarnada que nos importuna, nos aborrece. O dicionário diz: obsessão — ato ou efeito de importunar excessivamente, perseguição,

sugestão insistente,
perturbação,
assédio,
aborrecimento constante.

— Como um desencarnado pode perturbar um encarnado?

— Pode influenciando o pensamento ou as emoções do encarnado e vice-versa.

— Espere! Que negócio é esse de vice-versa?

Dirigi-me à lousa dizendo:

— Observe a direção das setas:

encarnado $\longrightarrow$ encarnado
(de gente viva, para gente viva)

encarnado ⟶ desencarnado
(de gente viva, para gente que morreu)

desencarnado ⟶ encarnado
desencarnado ⟶ desencarnado

— Você está dizendo que um morto exerce influência sobre um vivo?

Mas como? Se a pessoa já morreu...

— Morreu o corpo, mas o psiquismo (a alma) não morre. O homem tem uma realidade palpável e uma outra impalpável; as emoções, pensamentos, sentimentos são impalpáveis. Na morte, fica a realidade palpável (o corpo), mas o psiquismo permanece com a mesma dinâmica. É preciso um pouco de tempo para assimilarmos ideias novas. Dê-se um tempo e continue de olhos abertos e você facilmente perceberá isso.

Se abraçarmos aquela ideia pequena: "o que não vejo não existe", ficamos apenas no nível da realidade palpável, mas a Física, já faz algum tempo, fragmentou a matéria em átomos e esses em energia — a bomba atômica que o diga. Tudo é junto! A emoção faz um caminho no corpo:

- o sistema límbico ⟶ os neurônios ⟶ os hormônios ⟶ os órgãos efetores

Quando um encarnado ou desencarnado atua sobre suas emoções, tem acesso ao seu corpo, por meio das influenciações emocionais. Daí a necessidade de educarmos nossas emoções. Somos o nosso próprio guardião, é uma questão de conhecimento, habilidade e responsabilidade — essa é a ideia que alicerça nosso curso.

Estamos olhando as respostas de Clara e gostaria de acrescentar que a mágoa que ela observou, além da falta de habilidade de lidar com as próprias frustrações, também representa um disfarce sério. A mágoa é um disfarce da raiva.

49

Ninguém vai dizer: "Estou com raiva porque meu irmão não veio", mas: "Estou magoada", "Estou desapontada", porque fomos educados acreditando que é feio ou pecado sentir raiva, que só gente má tem raiva, e como queremos ser bons, não admitimos ter raiva ou ódio. Então, quando o impulso chega até nós, vem disfarçado:

- de impaciência;
- de irritação;
- de mágoa ou
- de vitimismo.

Quando observamos que estamos enveredando por esse caminho, é melhor procurar o que podemos fazer conosco.

— Mas a raiva é uma emoção negativa – disse Clara.

— Engano! A raiva é uma emoção. E como toda emoção é um impulso natural, e se é natural foi dada pela Natureza, pela Vida, pelo Pai do Céu.

— Aparecida! Agora você extrapolou, a raiva foi dada pelo Pai do Céu? Você está afirmando que a raiva vem de Deus? É isso? — Rebel questionou sem respirar.

— E existe outro Criador além Dele?

— Isso é um absurdo!

— Se existe um só Criador, tudo vem Dele, ou então, haveria dois, três ou mais criadores. A raiva não é feia, não é negativa; a agressividade não é pecado; a raiva é simplesmente uma força vital.

— Como você explica isso?

— Pare e olhe pra você! Você está com raiva de mim, porque certamente eu discordo de seu ponto de vista; mas eu uso do direito, da liberdade de crença.

Eu, Aparecida, penso que a raiva ou a agressividade é um instinto, um impulso, portanto, uma força de vida, educável, porque você não é apenas impulso, existe também em você, a razão...

Quando fico com raiva de algo ou de alguém, não vou matá-lo por isso, porque já sou capaz de entender que se matar haverá consequências, serei presa, julgada e condenada.

Então, se não posso expressar a raiva e também não posso reprimi-la, só resta educá-la.

Vou observando a vida e percebo que a raiva, a agressividade é uma força de realização que requer autodomínio.

A raiva é mãe da coragem
A coragem é mãe da iniciativa.
A iniciativa é mãe do ato, do comportamento.
A repetição da coragem traz a firmeza.
O exercício da firmeza pode ser feito em parceria com a ternura. Podemos usar a raiva numa escala ascendente.

A raiva que caminha rumo à coragem, entendo como uma força natural (porque foi dada pela natureza) e educável (pelo meu esforço consciente) — é quando damos uma orientação, uma canalização consciente a uma força instintiva.

Imagine a força de uma catarata (Iguaçu), ela derruba o que lhe faz frente, mas, quando devidamente "educada", transforma-se em energia elétrica, servindo-lhe no momento que você solicita, ao toque de um simples botão sob o comando de sua vontade.

Feita a explicação perguntei:

— Esclareceu um pouco?

— Vou pensar no assunto — respondeu Rebel.

A despeito dos *piercings* e tatuagens, eu começava a gostar de Rebel. Contudo continuava não gostando das tatuagens, mas ela não era as tatuagens, era uma menina questionadora que não aceitava fácil qualquer explicação, que pedia tempo para deglutir o tema, muito parecida comigo nesse aspecto. Começava ruir mais uma das muitas paredes do preconceito em mim. Sorri internamente e me parabenizei.

Um parêntese: estou me preparando para o vestibular da vida, para o setor daqueles que começam a ter vários ângulos de visão.

Agradeci ao Pai do Céu que, por meio do Alcli, conduziu aquela menina até a clínica; era uma das muitas oportunidades de desenvolvimento que a vida traz. Fechei o instante de reflexão e continuei no tema da aula, era hora do treino.

Diminuí a luz ambiente. Coloquei uma música suave, que serviria como como agente facilitador da alteração do estado de consciência; ela possibilitaria, conduzir a atenção para um outro universo. Eu já havia tido experiências poderosas, ouvindo música, por isso creio na atuação produtiva dos sons harmônicos. Utilizo-me desses sons com a finalidade de:

- acalmar o sistema adrenérgico;
- induzir o sistema colinérgico (estimular a tranquilidade) e
- ativar o sistema de sensibilidade dos participantes.

Fui conduzindo o relaxamento com vistas ao transe mediúnico nas etapas já conhecidas:

- a quietude do corpo físico;
- a quietude do campo astral, acalmando as emoções;
- a quietude do campo mental, acalmando os pensamentos; fazendo um silêncio interno, sem perda da consciência;
- a expansão da aura;
- a percepção da energia astral do ambiente;

- a percepção da proximidade do amigo espiritual;
- a envolvência – alguma coisa como um abraço energético.

Pedi a todos que, num estado de paz atenta, pudessem aguçar a percepção do próprio processo.

É do nosso método ir avançando gradativamente. A cada encontro, vamos um pouco mais adiante, principalmente naquilo que se refere ao transe. Solicitei que cada pessoa deixasse de lado qualquer expectativa, qualquer ansiedade, disse que ninguém tinha obrigação de nada naquele momento, não havia obrigação de perceber o mentor, de ouvi-lo ou qualquer outro fenômeno, havia apenas a disposição para, apenas a boa vontade do contato.

Fiquei calada, só a música preenchia o espaço. Sentimos a harmonia do som por algum tempo, quando ela terminou, solicitei que cada qual prestasse atenção na própria respiração, que cessasse a expansão da aura e, ainda, que trouxesse a atenção para a dimensão física.

Reacendemos todas as lâmpadas e fomos estudar a experiência ocorrida com os participantes. Perguntei:

— Alguém gostaria de fazer um relato da própria experiência?

As respostas foram surgindo tímidas, era como se os alunos receassem uma crítica. Afinal, dizer que viu coisas que ninguém vê, que escutou o que ninguém escuta, é um meio de declarar a própria insanidade mental. Ficar de boca fechada parecia ser mais seguro.

Deduzi que, em algum momento, precisaríamos estudar o tema autoconfiança.

Por fim, alguém relatou a proximidade do mentor e a sensação de bem-estar.

Encerramos nosso encontro com uma prece de agradecimento e nos despedimos.

Todos se levantaram e foram saindo, apenas um casal permaneceu na sala, enquanto eu juntava meu vasto material (livros e apostilas). Percebi que não iam embora, então, quando todas as outras pessoas já tinham saído da sala, aproximaram-se de mim e ele confessou:

— Professora, eu tive uma sensação de arrepios pelo corpo... o que é isso?

— Meu querido, – bati o olho no crachá para saber o nome do rapaz, mas já havia sido retirado –, prometo discutir o assunto no próximo encontro, logo na entrada, porém não fique impressionado é apenas um sinal somestésico da mediunidade. Lembre-me, por favor, que devo falar sobre isso! Mas a propósito, por que você não fez a pergunta, antes do encerramento, quando abrimos espaço para isso?

Ele sorriu ligeiramente e disse que me recordaria na próxima aula.

Eu fiz a pergunta para grifar a situação, mas bem sabia a causa, ele estava com medo de se expor, medo de perguntar na frente dos outros. A grande maioria dos que me procuram, fazendo parte dos grupos, passam pelo conflito: sintomas X medo. O aluno tem a sensação, admite o fato, e muitas vezes começou a frequentar os encontros por causa desses sintomas, mas tem medo da opinião do outro. Essa é uma aresta que precisa ser aparada.

Reações somestésicas

A sexta-feira estava chegando e, com ela, nossa próxima aula, que não costumava ser uma aula convencional – o laboratório. Tratava-se de uma reunião com algumas pessoas para o estudo:

- da dinâmica das emoções;
- da dinâmica do pensamento;
- do sistema de sensibilidade.

O grupo acabava tendo uma tonalidade terapêutica.

Lembrei-me do casal, da pergunta feita no final da última aula, juntei algum material elucidativo, algumas imagens e fui para a classe. Gosto de trabalhar com imagens, elas facilitam a compreensão.

No horário da aula, subimos as escadas e nos dirigimos ao encontro. Olhei para a turma, buscando encontrar o casal das perguntas, estavam presentes. Li nos seus crachás: Carlos e Renata. A pedido deles, falaria sobre sinais somestésicos, que denunciam uma energia que percorre o corpo.

Iniciei contando que todos nós temos sensibilidade, uns mais, outros menos, mas todos temos sensibilidade, porque todos temos um sistema nervoso, que serve para nos colocar em contato com o meio. Vemos o mundo, sentimos seus cheiros e ouvimos seus sons. O sistema de sensibilidade é a via por onde transitam essas informações; ondas luminosas são captadas pelo nosso sistema visual, ondas sonoras são captadas pelo nosso sistema auditivo. Estamos capacitados a interagir com o ambiente por meio do sistema nervoso:

- captamos e
- respondemos.

Essa interação se dá em dois níveis:

- físico e
- extrafísico.

A explosiva Rebel que estava na sala e não havia faltado até aquele dia, perguntou:

— O que você quer dizer com interação extrafísica?

— Interação com o mundo que está além dos olhos, interação com o pessoal do astral, interação com o universo energético que nos circunda em suas múltiplas dimensões. Essa faculdade está em todas as pessoas e é bom conhecê-la, para que não fiquemos à mercê de fenômenos, que são facilmente confundidos com patologias mentais. A pessoa cujo sistema nervoso capta vibrações mais sutis, desta ou de outra dimensão, é chamada de médium.

— É gente que fala com os mortos, vê ou escuta coisas?

— Você pode ter uma sensibilidade mais aguçada e não manifestar nenhum fenômeno paranormal, mas há também aquelas pessoas que podem perceber, ver e ouvir mais, ou ainda, ter sinais somestésicos.

— Que é isso?

— Um sinal somestésico é um sinal do soma, é um sinal do corpo, que se relaciona com a energia do ambiente; é quando a pessoa apresenta um sintoma que não tem correspondência ou causa anatômica, algo mais ou menos assim: ela entra num ambiente e sente um frio correr a espinha, não está ventando, o ar-condicionado está desligado, aparentemente não há um motivo para senti-lo, mas sente.

Imagine que quando seu sistema nervoso é estimulado, você emite uma resposta. Quando faz calor, você não dá uma ordem voluntariamente para o corpo transpirar, ele simplesmente transpira, ajudando-o, sem que você tenha pedido, a manter a temperatura corpórea. Ou então, quando sem querer, encosta a mão no ferro quente, em resposta, sem que você dê ordem consciente, o sistema rapidamente gera um arco reflexo e puxa o seu braço. Há um estímulo e o sistema reage. A reação somestésica segue esse modelo "estímulo-resposta", só que o estímulo é energético. Você capta uma emoção, uma tristeza e chora, embora não tenha descascado cebolas. Ao experimentar esse sentimento intenso e repentino, sem nenhum motivo aparente, chora produzindo lágrimas – isso é uma reação somestésica.

— É uma reação psicológica? — perguntou Alcli.

— Pode ser entendida assim, mas estamos falando de reações do corpo aos estímulos energéticos extrafísicos, lembrando que emoção é energia e pensamento também. Pense na seguinte situação: um funcionário vai trabalhar todas as manhãs, mensalmente recebe seu pagamento, faz suas compras e paga suas dívidas. Tudo vai bem. Num certo dia, ele é chamado ao departamento pessoal, onde é informado que seus serviços estão dispensados. Ele lembra do último carnê que fez, da mensalidade da faculdade a ser paga e sente um nó na garganta.

Do ponto de vista anatômico, não existe nenhum nó na garganta, ele nem está de gravata. Essa sensação é uma reação somestésica, causada pela situação da perda do emprego.

É psicológica, no sentido de que o funcionário está reagindo emocionalmente à situação dele.

Por outro lado, tem um pessoal que chega aqui na clínica, queixando-se de uma dor no corpo: dói o braço, passa; depois a dor aparece nas costas; depois na perna... Gente, não existe uma dor que anda! Não é dor reumática, isso é uma reação somestésica e energética que sinaliza fenômenos agudos de ectoplasmia. Assim, também há alunos com dores de cabeça que não têm consistência biológica. No corpo físico não há nada, mas o cidadão está com forte dor de cabeça. Então é submetido a um tratamento energético e as dores diminuem ou passam. Isso significa que a reação somestésica pode ocorrer em dois momentos:

- provocada pelo próprio psiquismo da pessoa ou
- captada pelo psiquismo da pessoa.

Quando há uma captação, o médium tem uma movimentação de ectoplasma.

— O que é ectoplasma? — Rebel interferiu de novo.

— Ectoplasma é uma substância etérica associada à materialização e ao tempo; uma espécie de cola que gruda o espírito no corpo, por algum tempo. Ectoplasmia é a ação do ectoplasma.

— É o ectoplasma que permite a reencarnação do indivíduo no planeta — sugeriu um aluno.

— Posso explicar fazendo uma analogia? — prôpos Juliana. — O ectoplama faz a vez do citoplasma de uma célula, já que o citoplasma serve como meio de união entre suas organelas.

Antes que eu pudesse responder, outra questão subiu ao ar:

— O que são organelas?

Então respondi:

— São as partezinhas do interior da célula..

O ectoplasma é uma energia de materialização que une o espírito à matéria, mas também plasma aquilo que você idealiza. Tem gente que deseja que aconteça um mal ou um bem ao outro, essa pessoa gera uma condição ectoplásmica que pode materializar-se.

Tem gente que benze o outro para ajudá-lo.

Tem gente que tem "olho gordo" e seca até o pé de pimenta.

O "mau-olhado" é fenômeno de ectoplasmia aguda.

O ectoplasma é o elemento ligado à materialização de suas aspirações, sob o comando de sua vontade. Numa outra linguagem, é o ectoplasma que propicia o "colapso" do pensamento em direção à matéria.

— É ele que "materializa" o pensamento?

— É ele que une o pensamento à matéria. Ele obedece ao seu pensar.

— E por que tem gente que materializa coisas ruins?

— É porque pensa coisas ruins.

Quanto ao fenômeno da ectoplasmia, meu amigo espiritual sugeriu que o ectoplasma possui uma relação com o tempo, como um veículo que caminha para o passado ou para o futuro.

— Parece filme de ficção. Explique melhor! — solicitou Vinícius.

— Lembra do dia do baile de sua formatura?

— Lembro.

— Vá mergulhando na lembrança... mais...

Quem estava presente?
o ambiente,
a orquestra,
as músicas executadas,
a valsa ... lembra?

— Quase posso ouvi-la: *"Valsa das Flores"* de Strauss.

— É isso... Agora, você levou seu pensamento para o passado. Se fixar seu pensamento em coisas passadas, a tendência será materializar no presente, situações já vividas. Você poderá ligar o rádio e, coincidentemente, estar tocando aquela mesma música, ou encontrar algum colega de turma, ou deparar-se com o álbum de formatura. Mas, por outro lado, poderá lembrar-se muito fortemente de uma situação desagradável, de um acidente ou de um crime – o que causará uma desarmonia, porque você vive no agora, no presente, mas ligado a situações passadas. Imagine hoje, plasmar situações ou atrair pessoas com características do passado para situações do presente – seria, sem dúvida alguma, desarmônico.

Moramos e realizamos coisas num tempo chamado presente, o passado passou e deve ficar lá onde está, no arquivo do ontem. O passado vai servir como um referencial histórico, nada mais. O futuro é uma probabilidade que depende do presente, mas

60

que também ainda não chegou, ou seja, para eu atuar, só tenho o presente. Então, manter o pensamento e a vontade no presente, ajudará o gerenciamento ectoplásmico e assim encontraremos ideias, pessoas e situações adequadas para o momento atual.

— Aparecida, me dê um exemplo menos etérico de ectoplasmia. Existe? — interrogou Alcli.

— Existe, há professores que materializam um curso e escritores que materializam um livro. Eles pensam, reúnem esforços e conseguem os seus objetivos – isso é o mais comum, é a materialização no cotidiano. Mas temos, na literatura, a narrativa dos fenômenos de materialização do espírito de Katie King, pela médium Florence Cook, na Inglaterra. Fenômeno pesquisado por William Crookes (1832-1919), um eminente químico inglês.

Aqui no Brasil, a presença de Francisco Cândido Xavier, nas sessões de materialização de espíritos, cujas imagens estão à disposição de quem quiser, na internet, é uma garantia de credibilidade. Quanto a nós, é bom lembrar que enquanto alguns materializam espíritos, outros materializam flores, pedras nos rins, tumores, verrugas (formações ectópicas) etc.

Agora vamos entender uma coisa: o tumor e a pedra dizem respeito a materialização, mas nosso tema proposto são as reações somestésicas, ou seja, as reações energéticas fugazes, um sintoma que dá e passa. Por exemplo: um choro que não está associado à emoção do médium. O indivíduo está bem e, sem nenhuma causa aparente, sente uma tristeza aguda (captação) e começa a chorar.

O médium pode captar a emoção do outro, quem vive essa experiência sabe disso, ocorre uma espécie de contaminação energética. Nessa situação, a pessoa não tem noção do que está acontecendo em seu universo energético, mas sente os efeitos. É mais ou menos como uma gripe: ela é contaminada pelo vírus, mas nem sabe de sua contaminação, o que impede que os sintomas se apresentem.

— É aquele arrepio que eu sinto sem uma causa física? — indagou Rebel.

— O arrepio é uma função colinérgica, tranquilizante. Observo, durante nossos encontros, que o médium se prepara para o estado de transe, primeiro ele relaxa, fica calmo, sente o arrepio, depois vai para um estado mais adrenérgico e o coração fica mais acelerado. Até onde percebo, quando a pessoa sente um arrepio no estado de pré-transe, é porque teve uma ativação, uma estimulação causada pela presença espiritual — isso se chama interatividade. Digamos que é uma entidade que passou por perto e a pessoa alertou-se de sua presença, funcionando como um código.

— É bom ou é ruim?

— Não é bom, nem ruim; é como o som do telefone que toca. Se será bom ou ruim, só saberemos quando atendermos ao telefone e avaliarmos o conteúdo da mensagem recebida.

O suspiro também pode ser um sinal somestésico. O bebê chora, chora, depois suspira e dorme; parece ser um refazimento de energia, um sinal de reposição.

O enjoo sem causa gástrica, muitas vezes é sentido em determinadas situações. Então comece a observar:

- Quando?
- Onde?
- Em que circunstância?

Vá buscando perceber se existe um denominador comum nas situações. Isso pode acontecer também com o soluço.

O soluço é uma função diafragmática podendo também ser um fenômeno de ectoplasmia. Tive um aluno que, momentos antes de entrar em transe, dava alguns soluços. Mais tarde, quando aquela entidade não veio mais, o soluço passou.

A náusea é comum em trabalhos de desobsessão (descarrego) e o médium não tem nenhuma causa neurológica ou gástrica. Acabou a sessão, acabou o sintoma.

— A alergia de pele que ocorre em alguns médiuns, durante o transe, também cabe aqui?

— Também, pele é limite. Gente que se deixa invadir com muita facilidade, geralmente apresenta sintomas alérgicos. Você chega a um lugar bem, passado um tempo, começa repentinamente a espirrar, tossir ou sentir coceira – busque a causa física! Se não houver causa física, busque a causa extrafísica. Minha pesquisa não tem exatamente o objetivo de frisar o fenômeno paranormal, se ele acontecer, vamos olhá-lo, mas minha finalidade é a educação emocional do médium. Sintomas sem causa física? Faça uma pesquisa no mundo energético.

Transpiração é uma manifestação autonômica, não depende de nossa vontade transpirar ou não; muitas vezes, quando damos um passe ou fazemos qualquer outro trabalho de manipulação energética, temos sudorese. Exalamos ectoplasma que se materializa na forma de suor frio.

— Isso é um tipo de materialização?

—Vamos entender que o processo de materialização não significa criar matéria, mas agregar a matéria do próprio ambiente partindo de um molde. Você não cria matéria, você agrega matéria em torno de. Uma pessoa não cria sudorese, não é isso, a ideia é que o excedente de ectoplasma serve para agregar a substância que ela produz, num determinado momento, sem nenhum exercício físico, ou seja, o suor. Cada pessoa tem uma reação diferente da outra.

Há aqueles que têm acesso de tosse, sem nenhum resfriado, no meio da sessão. A tosse representa uma perda de controle, é como se a pessoa estivesse saindo um pouco de si e quisesse voltar. O que observamos é que, muitas vezes, a pessoa está prestes a chegar a um *insight*, parece que vai "cair a ficha", e que tudo vai apontando para o rumo da clarificação, mas, ainda não dá para ocorrer o processo, é como se a pessoa dissesse: "ainda não". É um mecanismo de defesa, quando ela está quase alcançando um contato reflexivo interior, vem a tosse impedindo o avanço.

— Já ouvi dizer que o bocejar reflete uma situação de contaminação energética, qual é a sua opinião? — perguntou Renata.

— Pense no bocejo como quem pensa no choro, isto é, não há uma única causa:

- O bebê chora de fome, de frio e de dor.
- A criança chora porque o brinquedo quebrou.
- A adolescente chora de raiva.
- A moça chora a perda do marido.
- O campeão chora quando sobe no podium.
- A mãe chora quando o filho recebe seu diploma universitário etc.

Há muitas espécies de choro, assim como há muitas espécies de bocejo. As pessoas bocejam:

- porque estão com sono;
- porque estão exalando ectoplasma;
- porque estão doando;
- para trocar com o ambiente etc.

Há coisas muito *sui generis* que são relatadas como sinais somestésicos:

- pressão no peito;
- taquicardia;
- eructação;
- coceira;
- tonturas;
- um "choque" bastante suave que percorre o corpo todo.

Tudo isso são algumas formas de perceber um estímulo energético.

— Como esse estímulo energético chega a ser percebido pelo médium? — foi uma questão feita por Alcli.

— Através do sistema nervoso, acontece um processo semelhante a uma estação de rádio:

- o comunicador – emite o som;
- o microfone transforma o som em eletricidade;
- a eletricidade percorre o espaço;
- o rádio capta a eletricidade e a reverte em som;
- o ouvinte capta o som e o transforma em impulso nervoso (eletricidade), que vai ao cérebro, onde ganha um significado.

O comunicador que está lá longe fala sua ideia.
O comunicador reveste essa ideia com o som de sua voz.
O microfone transmuta o som (voz) em eletricidade.
A eletricidade caminha pelo espaço até ser capturada por um aparelho receptor (rádio), que vai recuperá-la como som.

— O rádio está todo ligado, tem fios, mas nós não — interveio dona Clara.

— Não os rádios portáteis, não os telefones celulares... Há comunicações que são feitas, sem fios, aqui na dimensão terrena. Se não faltamos à aula de Física, naquele dia em que o professor falou sobre movimento de ondas, conseguimos entender isso um pouco melhor. Vamos recordar:

- Uma onda é um movimento, uma vibração; lembrem da onda do mar, de uma pedra que cai num lago, provocando movimentos.
- A onda tem um ritmo, uma frequência, quer dizer, caminha mais devagar ou mais rapidamente.

- Uma onda sonora, como o som do violão, por exemplo, precisa de um meio material para se propagar.

— O som precisa de um meio para caminhar? — perguntou Clara.

— O som precisa do ar para caminhar — respondi e continuei explicando:

Há ondas, como o som, que precisam de um meio físico para se movimentar, são chamadas de ondas mecânicas.

Mas temos outras ondas: as eletromagnéticas que não precisam de meio físico para se movimentar; as ondas do rádio, da televisão, da luz, dos raios X, dos raios *laser*, do radar etc.

Quando lembramos do esquema:

emissor *onda eletromagnética* **receptor**

fica mais fácil de entender o estímulo energético.

Há uma fonte emissora ⟷ aparelho de captação.

- **pensamento**   **pensamento**
- **emoção** *onda eletromagnética* **emoção**
  ↓   ↓
  do mentor ⟷ **do médium**

Quando pensamos, emitimos ondas de pensamentos.

Quando sentimos, emitimos ondas de sentimentos.

Essas ondas têm movimentos (vibração) que caminham num determinado ritmo (frequência).

Há pessoas com capacidade de emissão muito forte, outras possuem uma capacidade de captação menos acentuada.

Meu amigo espiritual insiste para que voltemos nossa atenção aos estudos da mente, observando:

- a força existente em nossos impulsos,
- os prodígios conseguidos com a nossa emoção,
- o poder imenso da nossa vontade,
- sem esquecer do manancial criativo de nosso pensamento.

Segreda-me a "voz muda", que assimilamos correntes mentais (pensamento é energia), de modo contínuo, assim como o corpo assimila oxigênio.

Entramos em contato com outras consciências físicas ou extrafísicas de forma consciente ou inconsciente e a possibilidade de um estímulo extrafísico nos atingir é real, para percebê-lo basta apenas um pouco de sensibilidade mais apurada. Falar para um surdo que som existe e fazê-lo perceber a esfera sonora, na qual estamos mergulhados, não é possível, pois falta-lhe o sentido da audição. Assim acontece com a mediunidade, ou a pessoa tem uma sensação que lhe dá o tom de veracidade, ou não tem a sensação, e, portanto, a falta dessa percepção não permite a ela validar aquilo que não existe em seu universo.

Vamos entender que a sensação é o portal da percepção. Quando você diz: "Estou sentindo cheiro de café" – primeiro o sentiu e, na sequência, identificou o aroma, ou seja, a identificação é uma decorrência.

A sensação é o processo elementar do sentir.

A sensação é a tomada mais simples de consciência de um fenômeno qualquer, é o primeiro estágio do psiquismo que repartimos também com todos os animais.

Perceber vem depois do sentir, então os sinais somestésicos são sensações registradas pelo sistema nervoso do médium. Lembrando que, muitas vezes, a sensação é registrada, mas não é interpretada, é mais ou menos como ver um ideograma oriental.

Fui até o projetor e a imagem surgiu na tela:

— Você viu? Mas interpretou? Perceber implica interpretar. Na imagem acima está escrito "metal".
Os estímulos energéticos (pensamento e/ou emoção) vindos de encarnados ou desencarnados são captados pela mente do médium, assim como o rádio capta a programação da emissora. Uma vez captados, causam a sensação.

— São captados pelo sistema nervoso do médium? — questionou Alcli.

— Sim.

— De que forma?

— Da mesma como são captados todos os demais estímulos, a diferença está na funcionalidade do processo e não na anatomia do sistema.

— Não entendi.

— O jeito de perceber é o mesmo, é pelo mesmo sistema nervoso que você percebe tudo – fatos físicos ou energéticos; a diferença é que em algumas pessoas o sistema nervoso é capaz de perceber um pouco mais; se todo mundo ouve numa faixa de 20 a 25 mil vibrações por segundo, imagine que alguém ouça ou abaixo (infrassom), ou acima dessa faixa (ultrassom).

A ideia básica é que tudo está ligado a tudo – Unidade (Somos Um) – e que algumas pessoas (os médiuns), desde que o mundo é mundo, já perceberam isso enquanto outras não.

— Isso quer dizer que o sistema nervoso do médium é diferente do sistema nervoso do cidadão comum?

— Não foi isso que eu disse, preste atenção: o sistema nervoso tem um aspecto de funcionalidade mais acentuado; imagine que você deixe cair uma miçanga (0,002m) preta, fosca, em cima de um veludo negro. Se não tiver uma ótima discriminação visual, ela não será vista ou se a pessoa estiver desavisada, baterá os olhos, mas não verá nada.

Tudo que nosso sistema nervoso traz são estímulos que chegam por meio dos órgãos sensoriais e, com exceção do cheiro, tudo passa pelo tálamo, antes de atingir o córtex. O tálamo é mais ou menos como uma secretaria eletrônica que registra a mensagem, mas não decide o que fazer com ela, então a mensagem é enviada ao córtex, que é onde mora a percepção. Porém quando seu tálamo registra, você sente; não sabe o que é, mas registra, sente.

Mediunidade é uma função de sensopercepção. No universo físico, você percebe pelos órgãos dos sentidos; no universo energético, pelo sistema de sensibilidade, que segue o mesmo rumo do sistema nervoso. Só pelo fato de sentir o estímulo energético, a pessoa já trouxe o sistema nervoso para o processo mediúnico.

O corpo físico é ligado, célula a célula, ao corpo astral.

O arrepio a que Carlos se referiu no encontro passado, é um sinal somestésico. Captou, sentiu mas não decodificou, então, podemos pensar que ele registrou uma presença no campo áurico, como um radar.

— Há um órgão responsável por esse contato com outra esfera?

— A responsável é a glândula pineal, procure conhecer a pesquisa do doutor Sérgio Felipe de Oliveira, mestre em Ciências pela USP, que trata do papel dessa glândula relacionada a questões mediúnicas.

— Por favor, fale-me um pouco sobre essa glândula — solicitou Eros, um aluno sempre muito gentil.

— Impressionou-me bastante o fato do professor Sérgio dizer que ela não é simplesmente uma glândula, que podemos chamá-la de "complexo pineal" – um órgão sensorial, um transdutor neuroendócrino, neuropsíquico, além de ser parte integrante do relógio biológico.

— Dá pra traduzir? — ironizou Rebel.

— Acompanhe o raciocínio: a mediunidade possui características genéticas, o indivíduo nasce com esse atributo; se ela é uma função de sensopercepção, a pessoa precisa ter um órgão sensorial que capte as vibrações: a pineal é a antena de captação de ondas do espectro eletromagnético que estão além das ondas mensuradas no plano material.

Quando falamos em incorporação, não quer dizer que tenha um espírito dentro do corpo, assim como não temos os atores dentro da televisão. Ela capta uma frequência, o médium também.

Em qualquer captação dos olhos, não basta apenas captar a onda luminosa, é preciso perceber a que ela se refere. Quando o ouvido capta uma onda sonora, é preciso compreender o som, se a pessoa fala em idioma desconhecido, você ouve mas não compreende. Da mesma forma, a pineal faz a captação de outra dimensão, mas não adianta apenas captar, é preciso um julgamento crítico sobre o material captado e a imprescindível pergunta: "Isto serve ou não serve para mim?

Essa sensação, seguida de percepção, configura a mediunidade. A percepção é uma função psíquica; a captação, uma atividade sensorial, física. Então, a mediunidade é uma função física e psíquica e essa dinâmica ocorre no organismo psicofísico:

- a parte física é genética;
- a parte psíquica é elaboração do espírito.

Separamos apenas para estudo porque corpo e mente são uma coisa só.

> As noções e cuidados mais importantes sobre desenvolvimento mediúnico são: ter domínio psíquico sobre a captação sensorial; ter senso crítico e dar um encaminhamento ao material captado de modo sensorial.
>
> Um médium, sem nenhuma educação mediúnica, pode não ter crítica alguma sobre o que está captando, e é aí que mora o perigo, pois não sabe discriminar se o que sente é com ou sem influência de outros espíritos.

Muitas vezes, o cliente chega aqui na clínica, achando que está em pânico, quando, está captando a sensação de uma entidade perturbada que, somada à sua, extrapola os próprios limites.

— Como é? Você está dizendo que o medo é partilhado com o pessoal do astral, é isso?

— Já dissemos várias vezes, que médiuns trabalham com energias sutis:

- pensamento é energia sutil;
- sentimento é energia também.

Muitas vezes, a pessoa se sente com depressão, mas toda sua tristeza, toda sua anedonia, toda sua perda de prazer, se dá, em grande parte, por influência da dinâmica espiritual. Se fosse por conta somente de seu psiquismo, a proporção seria menor.

A mediunidade é como uma lupa, amplia o que foca.
O desenvolvimento mediúnico envolve:

- conhecimento de si;
- estudo do processo;
- pesquisa da sensibilidade;
- autoestima;
- desenvolvimento do senso crítico, ou seja, estudo do material captado.

— Autoestima? Por quê?

— Porque uma pessoa muito "pra baixo" fará contato constante com um astral semelhante. A finalidade do desenvolvimento mediúnico, em meu particular modo de ver, não é criar efeitos paranormais, como se a pessoa fosse aprender a ter clarividência ou psicografia – não é isso. Aqui na clínica, buscamos conhecer a dinâmica psíquica da pessoa, sua faculdade de sensopercepção e auxiliá-la na utilização dos recursos que porta.

Alguns clientes chegam dizendo que querem "tirar a mediunidade". Gente, uma faculdade do ser, não é roupa que se tira e põe.
Vamos aprender a trabalhar com o que temos, sem forçar nada, sem tomar nenhum chazinho alucinógeno.

Eros retoma a importância da pineal:

— A pineal é responsável pela captação energética de outra dimensão?

— Sim! Ela é um instrumento de comunicação como uma agência de correio, que recebe informações do interior e do exterior:

- informações do próprio corpo;
- da própria alma;
- dos espíritos afins;
- do meio energético.

Lembrem-se que a alma não está localizada num órgão e atua através do corpo todo. Assim como temos glândulas no corpo físico, temos glândulas no campo astral, que são transdutoras do princípio vital, do ânimo. Nossas glândulas formam o sistema propulsor da vida. As vibrações glandulares ocorrem por conta das emoções, dos pensamentos e dos sentimentos, que são geradores de processos químicos no corpo.

Pense na glândula pineal, como uma espécie de espelho da alma. O espelho pode refletir a sua imagem ou alguma outra que não a sua, ele reflete o jeito de ser de uma pessoa, constituída por seus padrões de pensamentos e sentimentos. Esse jeito de ser (padrões) influencia o movimento de energia dentro e fora de si.

O grau de harmonia ou desarmonia da pessoa é refletido no corpo, por meio das glândulas. Nossas emoções, então, disparam o mecanismo de liberação de hormônios.

pensamentos	são	que disparam
sentimentos	correntes	os mensageiros químicos
emoções	energéticas	que atuam nos órgãos

Muitas vezes, presos no universo concreto de Newton, ignoramos o mundo quântico das partículas, onde a matéria é constituída de energia e não há limites absolutos. A humanidade demorará um tempo para assimilar isso. Educar o povo parece ter o mesmo ritmo das mutações biológicas. Daí a necessidade de estudos do processo.

Há uma experiência laboratorial realizada com viciados em cocaína, que ilustra a relação do pensamento com o sistema glandular. Sabemos que o cérebro humano possui circuitos neuronais que podem ser observados por meio de ressonância magnética, que mede a alteração do fluxo sanguíneo, associado à atividade neuronal (neurônio é a célula constituinte do sistema nervoso). No usuário de cocaína, uma parte do circuito neuronal se ilumina, quando lhe é ofertada a droga ou quando:

- vê;
- pensa;
- imagina ou
- lembra do uso;
- assiste a um filme em que alguém está usando droga;
- vê uma foto de carreiras brancas sobre um espelho.

Isso nos alerta sobre o quanto o pensamento atua na química corporal.

Se o médium não é uma pessoa autocentrada, ficará à mercê de correntes mentais alheias.

O sistema glandular se mantém saudável com o bom humor, com a realização de trabalho prazeroso etc. Ficar sem graça ou desconfortável, numa situação, provoca desequilíbrio hormonal e a pineal está associada a esse roteiro. Ela é a diretora-presidente do sistema glandular.

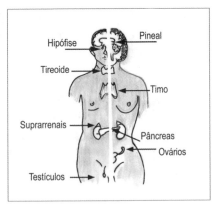

bom humor – atua na pineal
mau humor – atua na pineal

A pineal, por sua vez, estimula a hipófise, que rege uma orquestra de órgãos.

A pineal ("chefona") emite uma ordem para a hipófise (diretora-executiva), que comanda outras glândulas de produção interna.

Como tudo é conectado, você percebe que o sistema nervoso não está de fora, é ele quem traz o estímulo para tudo acontecer. O sistema nervoso conduz o estímulo físico ou extrafísico. Se a pineal recebe estímulos de outra dimensão, podemos ser afetados por eles ou não.

— Onde fica a pineal? É uma curiosidade que sempre tive — perguntou Eros.

— Encéfalo é tudo o que a caixa craniana abriga.

Está abrigada lá no meio da caixa craniana, tem o tamanho de uma ervilha — usei uma projeção, para melhor compreensão, sempre que possível faço uso das imagens.

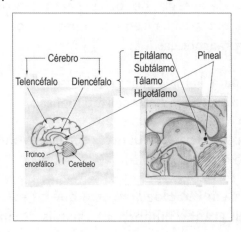

— Parece que é um órgão de pouca expressão — comentou Magda, uma aluna que pouco fala em classe.

— Engano seu Magda, na pesquisa, a tomografia por emissão de pósitrons, mostra a pineal como a área mais brilhante do cérebro, em razão de sua intensa atividade metabólica. O professor Sérgio Felipe de Oliveira, em sua pesquisa, a apresenta como o segundo órgão mais irrigado do corpo. Ela é muito atuante na vida psíquica.

Fui à lousa e escrevi:

essência → alma → consciência → captação → magnetismo

Pense na captação:
- de conhecimento,
- de uma fala construtiva.

Pense:
- no compromisso,
- na aplicação de conhecimento.

— Isso resulta na amplificação da consciência. Pense na consciência como recurso evolutivo transformador.

A captação de energia, de ideias, pensamentos e emoções se dá pela pineal, que atua na frequência peculiar de cada cidadão, com bases eletromagnéticas.

Da pineal para "cima": quarta dimensão.
Da pineal para "baixo": terceira dimensão.

Nossa consciência, enquanto recurso evolutivo, navega nesse universo e a pineal é o *link*.

A pesquisa em radiologia mostra que a pessoa que apresenta, na pineal, grande número de cristais de apatita, tem a característica de entrar em transe mediúnico com mais facilidade; vamos aprendendo com o auxílio da tecnologia.

Quando se observa a pineal a olho nu, vê-se uma glândula tão pequena, mas não se imagina o universo que ela abriga. Uma lupa aumenta seu alcance visual, o microscópio leva mais além e o microscópio de varredura eletrônica será um potente auxiliar do pesquisador.

Os estudos mais recentes fazem pensar nela como um centro altamente dinâmico.

A pineal não se apresenta com uma unidade de identidade, como os demais órgãos, ela possui representações de vários sistemas, que ali se agregam como participantes de um congresso. Pense na pineal como um sistema que recebe informações e as repassa aos demais sistemas (físicos e extrafísicos), como um centro de distribuição:

- recebe,
- organiza,
- distribui.

Pense que suas moléculas atuam no ritmo da emoção, do ânimo, do entusiasmo, da depressão ou da tristeza. Pense nela como um maestro que coordena os sons da orquestra. Contudo há uma reflexão a ser feita:

- Cão tem pineal.
- Cobra tem pineal.
- Peixe tem pineal.

O que significa: não atribua à glândula, um valor além daquilo que ela representa — um elo de ligação com o próprio espírito.

— Isso quer dizer o quê? — perguntou Magda com uma expressão intraduzível.

— Que o grande regente e responsável pela pineal é você. Daí o *"orai e vigiai"*, o *"conhece-te a ti mesmo"*. Cada um de seu modo e a seu tempo está gritando a necessidade de conhecer e atuar no próprio processo.

O relógio que não fazia reflexões, apenas caminhava alheio ao interesse da aprendizagem do grupo, assinalava a hora do encerramento. Fizemos um agradecimento à vida, a tudo o que representava o desenvolvimento da consciência, à oportunidade de reencarnação, ao apoio da família, ao ânimo que nos invadia e que nos mantinha no rumo da realização do "si mesmo". Antes de nos retirarmos, fiz uma recomendação, própria de professora:

— Meus queridos, pesquisem, leiam, busquem o tema, não se contentem apenas com a minha fala. Aguardo-os na próxima sexta-feira.

Etapas do transe

No início de nossa atividade, após os cumprimentos rotineiros disse:

— Hoje, depois de um mês de aula, quero sugerir que façamos algumas experiências e pesquisas sobre o transe. Que conceito temos de transe?

Fiquei esperando as respostas, que foram anotadas na lousa:

- Transe é quando o mentor chega e fala por intermédio do médium.
- Transe é um estado alterado de consciência.
- Transe é um fenômeno mediúnico.
- Transe é um estado hipnótico.

— Gosto de verificar a etimologia, a origem das palavras. É um bom começo de estudo; a palavra transe vem de *transire* (latim), que indica o sentido de movimento, de passagem; algo que se movimenta de um lugar para outro, como um carro. Assim podemos entender por transe, um movimento da consciência de um estado para outro.

— Como assim, movimento da consciência? De um estado para outro? — Identifiquei a voz de Rebel.

— Agora estamos no estado de vigília, quer dizer, estamos acordados, mas não ficamos acordados o tempo todo; à noite dormimos, isso é, mudamos o estado de consciência e não percebemos mais nada.

— É correto pensar que temos vários estados de consciência? — perguntou Alcli.

— É correto sim; vá identificando cada estado de consciência:

- vigília;
- sono;
- sonho;
- relaxamento (alfa);
- sonambulismo;
- meditação;
- inspiração;
- hipnose;
- êxtase;
- experiência de quase morte;
- transe mediúnico e outros.

Até onde pesquisei, o transe é arcaico ocorre desde os xamãs mais primitivos; as narrativas mitológicas sopradas pela Grécia antiga falam de pitonisas, templos e oráculos.

Vamos estudar o transe mediúnico, naquela nuance sugerida: estado alterado de consciência. Aqui na sala, alguns alunos já experimentaram o transe por diversas vezes, e se compararmos os relatos, observaremos que ele varia de médium para médium, porque cada pessoa é única, e cada processo, bem como cada experiência, é único também.

— O transe é consciente? — perguntou dona Clara.

— Não há respostas inflexíveis, acabadas. Vamos perguntar para a classe: quantos aqui têm transe mediúnico?

Quatro pessoas se manifestaram:

Vinícius, que tem vidência, relatou que tinha noção clara do transe, que era como ver televisão: "Vejo algo acontecendo, mas sei que não pertence a esta dimensão, pelas características da percepção obtida".

Dênis, aluno que tem psicofonia e já entrara em transe inúmeras vezes, fez o seguinte comentário:

— Em algumas situações, vejo a entidade quando chega e permaneço atento a tudo, e se eu não permitir, não ocorre a "incorporação". Em outras situações, eu não vejo a entidade, mas tenho noção daquilo que está sendo comunicado durante o transe.

Antônia, que é clariaudiente, nos contou que ouve as vozes dentro de sua cabeça, que às vezes falam entre si; outras vezes falam com ela. Certa ocasião, aconteceu das vozes avisarem que a vizinha do apartamento do lado corria risco de sequestro; horas mais tarde, o prédio todo comentava o fato da moradora do apartamento número 43, ter sido sequestrada. Antônia mora no apartamento número 44. Foi por causa desse fato, que ela resolveu estudar um pouco sobre o fenômeno.

Juliana, aluna culta e bonita, que já frequentara o grupo em outra época, fez uso da palavra e nos disse que, após o transe, ficavam algumas imagens, algumas lembranças do que havia sido dito, mais ou menos como num sonho que, às vezes, lembramos claramente, outras, de modo vago.

Essa é uma amostra do processo de transe, que é individual, único para cada pessoa e, não bastando, o mesmo médium parece nunca ter dois transes iguais. Assim como o encontro com um mesmo amigo, em diferentes ocasiões, é sempre um novo encontro, um novo tema. A água do rio está sempre em movimento, você pode voltar muitas vezes ao mesmo rio , mas nunca será a mesma água, e nem você será a mesma pessoa, a vida é movimento.

Podemos considerar uma escala com todas as gradações possíveis para a consciência do transe, sob ângulos diferentes:

- nível de consciência, enquanto percepção,
- nível de lembranças do conteúdo do transe, aquilo que restou na memória.

Há pessoas que captam sentimentos: tristeza, medo etc. e não sabem que é uma captação nem desconfiam do processo; a pessoa chora, as lágrimas molham seu rosto e ela diz: "Não sei por que estou chorando" ou "Bateu-me uma tristeza que não sei de onde vem". Nesse caso, como se classifica o transe: de consciente, ou de inconsciente? Outras vezes, a pessoa sabe perfeitamente que esteve em transe, mas não se lembra do que aconteceu, ou se lembra parcialmente.

— O que é um transe inconsciente? — perguntei.

- é saber que chorei sem causa, ou
- é saber que entrei em transe e não ter lembrança do conteúdo.

Um aspecto da questão é ter uma reação emocional, sem saber a origem (não sei por que estou chorando), outro aspecto distinto é não ter memória do que aconteceu durante a manifestação mediúnica.

Aqui na clínica, resolvemos isso facilmente, tenho um método:

- gravo o transe do médium para ser estudado em estado de vigília;
- fazemos esse estudo com o cliente bem acordado, ouvindo trecho por trecho da gravação e analisando o conteúdo;
- comparamos com seu momento de vida, buscando perceber em que tal fato poderá ser útil ao médium.

Entendo que o transe é, primeiro, para o próprio médium – quando fiz essa afirmação, vi nitidamente as expressões de admiração dos alunos. Aceitar essa afirmação é tirar as teias de aranha do psiquismo do médium muitos deles têm me jogado farpas... coisas do ofício.

Admitir que o transe ocorre primeiro para si é tão natural quanto admitir que:

- O sonho é primeiro para o sonhador.
- Que a meditação é primeiro para o meditante.
- Que o relaxamento é primeiro para quem relaxa.

Há uma crença comum de que o médium entra em transe para ajudar o outro, para ajudar o frequentador do centro, para ajudar a entidade do outro lado etc. Tudo isso também pode ser considerado, mas o transe é inicialmente para o médium, porém admitir isso vai dar trabalho e vamos esbarrar nos processos de resistência.

Ninguém disse nada. Era preciso dar um tempo para que essa ideia pudesse ser digerida. Eu sabia que seria preciso voltar ao assunto muitas vezes, meu amigo espiritual segredou-me que é mais fácil ocorrer uma mutação genética no ser humano do que alterar uma corrente de pensamento. Estou quase acreditando nisso... tem gente que ainda não admite a veracidade das viagens espaciais...

Os alunos trouxeram as questões do transe para uma discussão mais generalizada. Carlos, que nunca passara por um transe mediúnico, perguntou:

— Como podemos atingir o estado de transe?

— A natureza sabe a hora do dentinho nascer, dos seios crescerem, da barba surgir. A natureza trará a possibilidade do transe, quando estivermos maduros para isso.

— Mas já ouvi dizer que alguns exercícios podem ajudar no desenvolvimento mediúnico.

— Exercícios ajudam o desenvolvimento da sensibilidade, mas não criam fenômenos.

Vamos entender sensibilização como a capacidade de ser sensível à luz, à cor, ao calor, ao som, aos sentimentos... Muitas vezes, o médium é visto apenas como um provocador de fenômenos paranormais. O desenvolvimento do ser está muito acima de portas batendo ou de luzes piscando, sem que alguém tenha tocado o interruptor.

Alguns núcleos usam cantos e danças, para facilitarem a manifestação mediúnica. E o exercício constante leva a um condicionamento, o que não quer dizer, que, necessariamente, provoque uma manifestação no participante. Respeitamos o método, mas adotamos uma outra postura pedagógica.

Pense no carnaval,.. é um grande transe coletivo... Não estou criticando nada, estou apenas reconhecendo, estudando; pense no artista no palco, ele entra, canta, dança e, quando é entrevistado no final, diz que sentiu uma emoção intensa, que nem viu o público que "acordou" com os aplausos. Ele se doou tanto na execução de seu número, que se colocou em transe – num transe emocional.

Todos nós já vivemos transes emocionais, estados de picos elevados de emoção intensa. No dia da aula inaugural do Centro de Estudos, eu estava em transe, no dia da primeira aula no *campus* universitário eu estava em transe, no dia em que meu filho número três saiu de casa para executar sua primeira cirurgia, em nível profissional, eu estava em transe (por osmose).

Estamos muitas vezes em transe, quer dizer, nos transportamos, estamos no agora mas não estamos aqui, nos desdobramos muitas vezes, sem saber e sem querer.

A emoção intensa nos conduz a um transe, em que a consciência se movimenta para além do estado da racionalidade habitual, por rumos desconhecidos. Isso pode ser chamado de "transe de mim mesmo".

Olhei para os alunos, suas expressões me revelaram que eu devia pisar no freio com urgência, e ir mais lentamente com meu "transe pedagógico", retomando a resposta.

— Outros grupos induzem ao transe:

- entoando salmos;
- cantando canções de curandeiro;
- usando chás alucinógenos
- e produtos químicos (ácido lisérgico).

Aqui na clínica não buscamos a "produção" do fenômeno, pesquisamos quando ele ocorre espontaneamente. Nossa tônica é o desenvolvimento do ser e a metodologia utilizada é a do apoio psicopedagógico ao médium, lembrando que a educação tem por objetivo abrir espaço para o potencial, abrir espaço para revelar a semente divina que a pessoa porta.

Amo a ideia que o homem abriga um potencial divino em si, que é filho do Grande Criador e carrega, em sua essência, um gene divino, que é um deus embrionário.

— Aparecida, quer dizer que é daí do uso desses métodos, que surgem classificações para o transe mediúnico? — perguntou Antônia.

— Não é do uso do método que vem a classificação, mas das características que se relacionam com o transe. Podemos chamar de transe farmacógeno, aquele provocado por drogas, e de anímico quando o transe decorre de si mesmo. Sem esquecer que cada classificação segue uma linha de raciocínio. No transe mediúnico, entendo uma atuação conjunta: pessoa e entidade.

85

Gente, quero saber se está ficando claro o conceito de transe – um estado alterado da consciência! Essa ideia é fundamental. Some a isso o fato de haver diferentes níveis de intensidade no transe e que não há fita métrica que mensure isso.

— Então como se verifica a possibilidade de haver diferentes níveis de intensidade no transe? — era Rebel perguntando.

— Porque os relatos mostram diferentes níveis de consciência.

— Eu entendi que o transe pode ser natural, ocorrendo espontaneamente ou sendo induzido — disse Antônio.

— É isso mesmo. Aqui respeitamos o processo natural de cada um, nada de chazinhos alucinógenos, que atuam no sistema nervoso do cidadão. Você até pode provocar um fenômeno de percepção, vidência por exemplo, mas não pode garantir o que o médium verá. O conteúdo da vidência é ditado pela frequência vibratória do médium. O chazinho rompe a barreira dimensional, mas não garante o que você vai encontrar do outro lado. Às vezes é melhor não ter vidência; alcoólatras avançados em seus delírios relatam ver bichos horrendos ao seu redor.

Minha sugestão em classe, foi que vivenciássemos o transe, para depois fazermos nossas observações e reflexões. Como de costume, diminuímos a luz para facilitar a concentração e reduzir o gasto de ectoplasma; todo transe mediúnico vai aumentar o consumo de ectoplasma.

Usufruímos dos benefícios da música suave e fui solicitando que cada um:

a) <u>buscasse fazer uma limpeza energética</u>: "Imagine-se num rio de águas quentinhas e deixe que o movimento das águas leve o cansaço, as mágoas... Faça uma pausa nas preocupações rotineiras".

A ideia era sugerir que, com a imaginação, as pessoas afrouxassem suas questões emocionais e mentais, abrindo espaço interno para um relaxamento.

b) <u>atentasse para a energia do ambiente</u>, pois, os amigos espirituais que nos acompanham nessa fase, participam com dedicação, enviando fluxos energéticos que estimulam nossos pontos sensíveis (chakras), de forma modulada. Então solicitei que sentissem esse envio energético, que lembrassem que mediunidade é função de sensopercepção. É preciso um mínimo de sensibilidade e atenção voltada para a percepção energética. Um sistema nervoso, cujos tecidos estejam esculhambados, dificultará a percepção. Sem contar que o nível de sensibilidade varia de pessoa para pessoa; todos nós conhecemos pessoas mais sensíveis e pessoas não tão sensíveis, é só reparar ao redor.

A energia que chega enviada pelos amigos espirituais nos toca e provoca algumas sensações:

- frio;
- calor;
- arrepio;
- taquicardia;
- ondas etc.

Algumas reações podem ocorrer, dependendo da natureza dessa energia:

- se mais "leve", uma sensação de bem-estar;
- se mais "densa", uma sensação de enjoo , falta de ar etc.

Há médiuns que caminham até esse ponto; há outros que seguem para a próxima etapa.

c) <u>percebesse a proximidade de algum espírito amigo,</u> conhecido ou desconhecido, alegre ou triste, equilibrado ou confuso, tal como quando percebemos nas nossas proximidades físicas alguém encarnado e nas proximidades extrafísicas também.

O desenvolvimento dessa habilidade facilitará muito o cotidiano do médium, que aprenderá a se livrar de influências energéticas desagradáveis, porque esse tipo de aprendizagem é possível

Essa fase de percepção é mais difícil que a anterior, porque o amigo espiritual não envia um jato energético para o médium, mas é o médium que perceberá a presença dele. Mal comparando, é como se a ambulância não viesse apitando, mas com a sirene desligada, então, dependerá de nossa sensibilidade, mais ou menos apurada, percebê-la ou não.

d) <u>fizesse contato com amigo espiritual</u> – isso seria mais ou menos como ligar o telefone, esperando que o outro atendesse. Nesse estágio, é muito clara a importância da frequência, pois:

- médiuns mais agressivos fazem contato com entidades mais agressivas;
- médiuns mais serenos fazem contato com entidades mais serenas;
- médiuns em desequilíbrio fazem contato com entidades desequilibradas.

O fator que dita a faixa de contato é a personalidade do médium (seu jeito de pensar, sentir e agir).

Médium educado, emocional e mentalmente, não "pega carga". Pense num imã, só atrai para o seu campo magnético, objetos da mesma natureza. Uma mosca não é atraída pela higiene, mas sim, pela sujeira.

e) na sequência natural ocorre um <u>envolvimento</u>: é quando o amigo espiritual, por si mesmo ou por meio de uma terceira entidade, busca ajustar-se na mente do médium, conforme o grau de afinidade entre ambos. A intensidade de envolvimento varia caso a caso, indo desde a inspiração até a possessão.

Perceber o envolvimento e sua origem é importante para o médium, que poderá interrompê-lo ou não, dependendo da situação.

f) após o envolvimento, pode ocorrer ou não a <u>manifesta-ção</u> – momento em que o amigo espiritual age por intermédio do médium no plano físico:

- escrevendo (psicografia);
- pintando (psicopictografia);
- falando (psicofonia);
- aplicando passes etc.

Fomos caminhando com a nossa experiência os alunos foram acompanhando a sequência até onde eram capazes:

- limpeza;
- relaxamento;
- proximidade;
- contato;
- envolvimento;
- manifestação.

Após um curto espaço de tempo para a manifestação, encerramos o contato com os amigos espirituais e retornamos ao estado de consciência habitual, de modo suave. Prestando atenção na própria respiração, fomos encolhendo nosso campo áurico, para abrirmos discussão sobre a experiência. Pedi a participação de cada integrante para que cada um relatasse sua experiência.

Na clínica, trabalho sempre com grupos pequenos para que os participantes possam ter um atendimento personalizado, podendo fazer suas perguntas e discutir o assunto. Lembra um painel de discussão, um fórum. Os alunos mais antigos, já mais familiarizados com nosso modo de conduzir as reuniões, colocaram-se, fazendo suas observações.

Vinícius relatou ter visto uma cena, em que um homem plantava sementes num solo já arado; o homem fazia pequenas covas e deixava alguns grãos caírem dentro de cada uma delas.

Antônia ouviu "pessoas" conversando, mas não conseguiu distinguir o conteúdo da conversa.

Eros relatou que sentiu nas mãos, um ligeiro formigamento.

Carlos voltou a citar o arrepio pelo corpo e os demais não se manifestaram.

Retomei o tema "transe", solicitando que fizéssemos algumas observações:

1°) Mesmo estando no mesmo ambiente, com o objetivo de estudar a mediunidade, ouvindo a mesma música, cada um dos participantes teve uma experiência diferente.

2°) Num transe mediúnico, não podemos esquecer que o psiquismo do médium participa, mesmo que ele não saiba disso:

- Vinícius percebeu uma cena.
- Antônia percebeu vozes.
- Eros e Carlos tiveram sensações físicas.

Então aproveitei para que déssemos umas pinceladas em percepção – mediunidade é função de sensopercepção.

"Percepção", palavra de origem latina – *perceptio* (*onis*) – que significa:

- faculdade de perceber, ver;
- faculdade de apreender por meio dos sentidos ou da mente;

- função ou efeito mental de representação dos objetos;

- consciência dos elementos do meio ambiente através das sensações físicas;

- ato de representação intelectual instantânea aguda, intuitiva;

- sensação física interpretada;

- capacidade de compreensão.

Só aqui já dá para percebermos quanto pesa o psiquismo do médium diante de seu transe.

— Por quê? — perguntou Rebel.

— Porque a única pessoa que viveu a experiência de seu transe foi você, a única que pôde sentir a sensação causada pelo impacto energético foi você. A função mental da representação do transe só pode ser feita por você.

Como percebemos a situação do Vinícius? Lembrando que ele viu a cena do plantio:

- Ver e perceber que era um solo sendo plantado requer um estímulo (a cena projetada pelos amigos espirituais)

- Se ele viu, é uma sensação visual.

- Se é uma sensação, o sistema nervoso entrou em ação.

Hoje, através da tomografia por emissão de pósitrons, podemos saber que o médium realmente está vendo algo, porque a região do córtex cerebral occipital sofre um afluxo sanguíneo elevado, que ocorre quando observa um objeto.

Aquilo que a sensação visual traz para o sistema nervoso é percebido e interpretado pelo médium. Destacando que a interpretação é código pessoal. O código de interpretação está guardado na psique do médium, que:

- usará a memória (o conhecimento anterior) e

- fará as associações naturais da situação.

Veja que é impossível que o psiquismo do médium fique de fora do processo, pois, se assim fosse, ele nem captaria nada – a captação já é parte integrante do psiquismo do médium.

Entre o estímulo do amigo espiritual e o relato do médium, há o psiquismo dele (percepção, impressão, interpretação), há uma síntese que não costuma ser observada e muito menos discutida.

Olhei a expressão dos alunos e tive a exata impressão de que estava falando grego na sala, pisei de novo no freio e retomei mais devagar.

— Imaginem o ser humano como um processador de informação do meio físico e extrafísico, sendo que as informações que chegam são processadas em dois níveis:

- sensação = recepção ou captação;
- percepção = interpretação.

Separamos didaticamente para estudá-las, mas na verdade, o processo é único. Cada um de nós recebe e interpreta as informações. Quando falamos em sensação, estamos falando do sistema nervoso, na tomada de consciência dos componentes sensoriais (ver, ouvir, cheirar etc). Quando falamos em percepção, estamos falando das sensações acompanhadas dos significados que atribuímos a elas, como resultado de nossas experiências anteriores.

— Exemplifique, por favor — pediu Alcli.

— Você entra com seu amigo em sua sala, às escuras. Ele percebe apenas sombras, enquanto você percebe o seu jogo de sofás, porque aquele ambiente já é familiar a ele.

Rebel, que ouvia atentamente, perguntou:

— Isso se aplica à mediunidade?

— Sem sombra de dúvida! Você tem um transe, vê imagens e as interpreta.

Ter um transe mediúnico e não interpretá-lo é mais ou menos como ouvir o telefone tocar e não atendê-lo, ou receber uma carta e não abri-la.

Claro que, num transe mediúnico, os estímulos têm características próprias e também é preciso considerar o estado psicológico da pessoa que entra em transe, porque o estado psicológico de quem percebe é um fator determinante da percepção.

Uma pessoa dramática que vê o plantio pode associá-lo à falta de alimento.

Uma outra, mais equilibrada, pode associá-lo ao trabalho ou à fartura.

Temos a tendência de perceber o mundo, mais como cremos ou queremos que ele seja, do que como nos informam os diferentes estímulos que chegam aos nossos sentidos.

A chegada de uma frase ou uma imagem para o médium implica uma sensação. Ver ou ouvir uma outra dimensão segue o rumo da percepção nossa de cada dia.

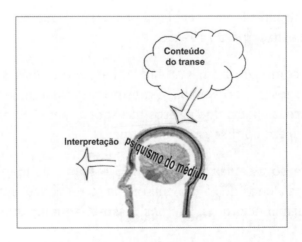

Pense que as sensações, independentemente dos estímulos causadores, são os fenômenos mais simples que ocorrem no interior da consciência constituem a primeira fase do processo de percepção. Tive um professor que repetia muitas vezes, em classe, que "a sensação é a porta da percepção". Elas são o primeiro momento do conhecimento.

São as sensações uma primeira tomada de consciência. Para sentir não precisamos da memória. O bebê sente frio, calor, aconchego e, para o bebê sentir, não precisou da imaginação, inteligência ou julgamento. Ele apenas sente. O bebê precisa apenas do sistema neurológico.

A sensação é o primeiro estágio do psiquismo, então o psiquismo do médium há que ser considerado como um componente importante do transe.

— Aparecida, você está propondo que venhamos a estudar percepção no curso de mediunidade? — perguntou Rebel.

— Gosto de gente inteligente, capaz de perceber minha intenção; a minha proposta de trabalho é um apoio psicopedagógico ao médium, para que possa entender e participar do próprio processo de desenvolvimento do seu ser, pela via mediúnica, com ou sem fenômenos paranormais.

Fez-se um silêncio sepulcral na classe, o que eu interpretei como um espaço para reflexão.

Eu, como um bom semeador, lançava minhas sementes. Oxalá não fossem ao vento... e mesmo que fossem, lembrei-me que o vento, as patas dos insetos transportavam o pólen e ajudavam a natureza com seus próprios meios.

Quando as aulas vão tomando o rumo da jornada interior, muitos alunos deixam o curso; com o tempo fui percebendo que só permaneciam os "eternus", isso é, aqueles que queriam conhecer e atuar no próprio processo, aqueles que percebiam o caminho do pólen.

O relógio não para, nem mesmo durante o momento de reflexão. Por isso era bom encerrar e dar oportunidade para o pessoal filtrar o tema; fui conduzindo o encontro para as despedidas, sem esquecer que estávamos numa clínica que não perdeu o jeito de escola – sou professora – de corpo e alma, então além da reflexão, tinha a lição de casa. Fui para a lousa e escrevi:

"Pesquisa: Percepção".

Lembrei-os que, no próximo encontro, repartiríamos as informações encontradas, valeria:

- comentários;
- anotações;
- texto impresso.

Só não valeria a falta de interesse pelo próprio processo.

Estudo do transe

Corri os olhos na sala, de fato o grupo tinha diminuído. Aqueles que vieram na intenção de fazer do mentor um empregado, para correr atrás dos próprios interesses, não voltaram, aqueles que quiseram controlar a vida, por meio dos amigos espirituais, foram buscar ajuda em outros locais.

Vovó diria: "Tudo a seu tempo;
há tempo para tudo –
tempo de plantar,
tempo de colher,
tempo da maturidade, do compreender..."

Era a seleção natural fazendo seu trabalho de afinidade e de ajuste de frequência. Com muito ânimo, convidei o pessoal presente, na sala do cafezinho, para a sala de aula. Iniciamos de onde tínhamos parado no encontro anterior: percepção.

— Meus amores! O que encontramos na busca do tema? — perguntei. As respostas começaram a surgir.

Alcli se manifestou:

— Num primeiro momento, observei o estímulo que antecede a percepção para entender melhor:

- A música é um estímulo sonoro e a sensação é auditiva.
- O cafezinho é um estímulo e, com o frio de hoje, as sensações são de gosto e de temperatura.

- Agora olhando para você, a sensação é visual.

Aproveitei para comentar:

— É isso mesmo, agora volte esse raciocínio para a mediunidade. É do mesmo jeito, só que o estímulo mediúnico não é físico, é energético. O médium capta o estímulo extrafísico na forma de sensação.

Eros trouxe sua colaboração:

— O estímulo pode ser o mesmo, mas a resposta de cada um é diferente, porque cada pessoa vai perceber do seu jeito. Eu contei para um amigo como é o trabalho feito aqui, a orientação recebida, o transe... Ele não entendeu nada, nem se interessou pelo assunto; então pude perceber na prática, o que está sendo estudado aqui; cada um, diante do estímulo, reage diferentemente – eu tenho grande interesse em frequentar o curso, meu amigo não.

— Gente, "perceber na prática" é aplicar. Eros está fazendo a aplicação do conhecimento no dia a dia; registrar isso é de grande importância. Só na aplicação do conhecimento e da informação, é que vamos saber o que é verdadeiro. É a experiência que consolida a aprendizagem. Conhecimento sem aplicação não vale; é como saber uma receita de bolo, você não come a receita, come o bolo feito.

Denis leu um trecho do livro que trouxe:

— A sensação ocorre, quando o órgão recebe o estímulo e o conduz ao cérebro; a percepção abrange a sensação, mas inclui também memória de experiências anteriores. No caso daquele cego operado pelo cirurgião, que passou a enxergar, ele conhecia bem o gato e o cachorro da casa pelo tato, mas não conseguia reconhecê-los pela visão. Só podia dizer o que estava "vendo", depois do toque. Ficou muito claro pra mim, que perceber depende de experiências anteriores.

Retomei a palavra, completando:

— Aí está o processo de percepção. Fui até a lousa e escrevi:

Os estímulos ⎰ são processos ⎰ sensação = recepção
⎱ em dois níveis ⎱ percepção = interpretação

Na mediunidade é a mesma coisa: o estímulo energético provoca uma sensação no médium, que usa sua bagagem psíquica para interpretá-la. Do ponto de vista energético, o estímulo extrafísico é registrado por uma pessoa que possui uma sensibilidade mais acentuada.

No encontro energético (transe), a entidade age sobre o sistema nervoso do médium, causando uma sensação, um sinal somestésico de uma determinada modalidade (arrepio, bocejo etc).

— Como assim? — perguntou Rebel.

— Numa modalidade, quer dizer, de um jeito tátil, térmico, doloroso ou agradável. Numa intensidade variável, por exemplo, pouco calor ou muito calor, ainda com curta ou longa duração.

O estímulo, em termos de mediunidade, é um chamado que bate na porta. Só percebemos o estímulo físico ou extrafísico porque o sistema nervoso transforma-o numa sensação. A sensação é o reflexo das qualidades em você, separadas dos objetos ou dos fenômenos.

— Não entendi.

— O objeto ou o fato está fora de você; o que está atuando dentro de você é a sensação que eles lhe causam. O mentor está fora de você. O médium trabalha com sensações sutis ou densas, captadas da vibração do ambiente físico ou extrafísico.

— Essa captação se dá pelo sistema nervoso, começando em que órgão? — perguntou Renata.

98

— Começando na pineal. A glândula pineal é um órgão de intersecção entre os sistemas do corpo físico e também é o órgão mediador entre a realidade física e a realidade extrafísica. A pineal recebe o estímulo extrafísico e o deposita sobre a malha neurológica do médium. Então se ele tem algum conhecimento sobre aquilo que chega, vai logo para a fase seguinte:

- vai perceber;
- decodificar;
- notar;
- distinguir;
- interpretar.

Muitas vezes chega uma imagem, um símbolo ou uma palavra que o médium são sabe decodificar.

— E o que acontece? — perguntou Alcli.

— Não acontece, fica só na sensação, mais ou menos como um objeto desconhecido que você vê, mas não sabe para o que serve. Quando ocorre a percepção ou significado, temos a oportunidade de reconstruir novos elementos na consciência. Transfira esse raciocínio para a mediunidade; o transe pode trazer novos elementos à consciência do médium, desde que esse lhe atribua um significado e faça uma observação apurada.

— Está ficando difícil de acompanhar — exclamou Rebel.

— Vamos por partes:
- primeiro o estímulo que é a sensação,
- depois o significado que é a interpretação.

Primeiro vem um símbolo, uma imagem ou uma mensagem em transe (que é o estímulo). No encontro passado, Vinícius "viu" uma cena em que um homem plantava sementes.

Num segundo momento, perguntou: "O que significa um homem plantando sementes?" – não basta ver (sensação), é preciso compreender. Parece que todos nós compreendemos o conteúdo da vidência – um homem plantando.

Vamos observar o que cada um deduziu disso, porque perceber é:

- deduzir;
- interpretar;
- compreender;
- dar um significado (uma versão);
- como se entende o que foi visto.

— Vinícius, o que você entendeu da cena, um homem plantando, vista em transe? — perguntei.

— Lembrei que só aquele que planta tem direito à colheita.

— E você Rebel, qual é a sua versão para o mesmo conteúdo?

— O homem, segundo o relato, apenas estava plantando, não estava colhendo.

Alcli participou:

— Podemos entender que é "tempo de semeadura".

Observei que eles estavam entendendo a minha proposta de que é preciso explorar o conteúdo do transe, senão ele escoa sem o devido aproveitamento. Então perguntei:

— Denis o que você acrescenta? — ele, que estava só observando, então respondeu:

— Para mim, a cena do homem semeando lembra a parábola do semeador, não sei se todos conhecem, mas há uma passagem bíblica que conta que um homem saiu com suas sementes. Uma parte caiu à beira do caminho e as aves comeram; outra parte caiu sobre as rochas, as sementes brotaram, mas a terra não tinha profundidade e, sem raízes, elas duraram pouco; um outro punhado caiu entre espinhos, que sufocaram as sementes, e, uma última parte caiu em solo fértil e se multiplicou.

E eu me lembrei da fala final que Denis não citara: "quem tem ouvidos (para ouvir), que ouça".

— Juliana, minha querida, qual a sua versão para o tema? — perguntei.

— Acho que tudo já foi dito, o que eu gostaria de acrescentar é que esta é a primeira vez que eu vejo um transe virar tema de estudo como um seminário. Gostei da ideia .

— Abrir o tema do transe para discussão é altamente enriquecedor; cada um faz sua associação, sua reflexão, colabora com sua forma de entender.

— E vira uma colcha de retalhos — disse Rebel, com um tom crítico na voz.

— Que aquece! — completei. Um *patchwork* é um artesanato útil e bonito. Podemos juntar todos os nossos conhecimentos e multiplicá-los. Há uma fábula que conta que dois homens se encontraram numa estrada e, depois de muito caminhar, fizeram uma refeição, em que cada um ofertou ao outro a metade de sua merenda. Cada um comeu a metade do lanche do outro, aproveitando a oportunidade de variar, mas o proveito foi maior, quando trocaram ideias entre si e cada um saiu com o dobro delas.

Nosso intuito ao estudar o conteúdo do transe é, justamente, abrir espaço para uma reflexão conjunta, que facilite o desenvolvimento de cada participante, esse é um dos sustentáculos de nosso apoio psicopedagógico, aplicado à mediunidade.

Sumiu o ar de crítica do rosto de Rebel, eu continuei minha fala sobre percepção:

— Cada um vai perceber segundo seu particular modo de ver; imagine que saem para um passeio, por um vilarejo, um glutão, um sociólogo e um botânico:

- O glutão observará mais os comestíveis do caminho.
- O sociólogo ficará mais atento às relações sociais ao seu redor.
- O botânico sentirá mais atração pelas plantas locais.

A percepção é uma relação entre a pessoa e o mundo físico ou extrafísico. Um exemplo disso, é quando uma mulher desconfiada e ciumenta acha um elástico de notas no carro do marido e dá um escândalo, acreditando que o elástico prendia os cabelos de uma suposta namorada.

Antônia, que no encontro anterior tinha ouvido uma conversa ininteligível entre desencarnados, perguntou:

— Não sei como interpretar o meu transe, o semeador do Vinícius ficou bem claro, mas no meu transe eu não entendi o que as pessoas falavam.

— Alguém gostaria de colaborar? — olhei para Rebel, pedindo de forma muda, a participação dela. Rebel desviou o olhar.

Como ninguém falou nada, fiz a associação entre o não entendimento, do diálogo extrafísico e a comunicação, aqui no universo palpável. O recado era, no meu entender, a oportunidade de verificar se havia dificuldade de comunicação por parte de Antônia, afinal, ela não entendera...

Então fomos explorando o tema comunicação

(1) Quando tenho dificuldade de me comunicar?
(2) Com quem tenho dificuldade de me comunicar?

(3) Onde tenho dificuldade de me comunicar?
(4) Em que circunstância tenho dificuldade de me comunicar?
(5) Quem ou que fato fala e eu não dou atenção?
(6) Eu dou atenção a mim?
(7) Eu dou atenção àqueles que estão ao meu redor?
(8) Estou aproveitando ou desperdiçando minha atenção neste momento de vida?
(9) Faço uso da empatia?

Não eram questões para serem respondidas de pronto, mas para serem examinadas com vagar.

Rebel, então, perguntou:

— O que é empatia?

Tudo que eu soubesse e que pudesse facilitar a compreensão, ainda que não estivesse no roteiro da aula, ganharia algumas pinceladas, então para aproveitar o interesse da participante, respondi:

— Empatia vem do grego *empatheia*, que significa entrar no sentimento; a faculdade de compreender emocionalmente; capacidade de sentir o que o outro sente; um processo de identificação em que a pessoa se coloca no lugar do outro e tenta compreender o comportamento dele. A primeira condição para a empatia é a receptividade ao outro e, simultaneamente, à nossa totalidade (corpo – emoção – mente – espírito); é um meio que, se usado, ajuda a nos libertar de nossos padrões rígidos, porque passamos a admitir um outro estilo de vida. Mas para isso é preciso uma certa abertura, precisamos abrir mão de preconceitos, só então vamos para além de nossos limites.

Quando deixamos nossas ideias preconceituosas para trás, podemos ver melhor como a outra pessoa é; caminhando menos armados, podemos vislumbrar as qualidades interiores do outro.

É pela empatia que uma pessoa é capaz de derrubar as barreiras que a impedem de fazer contato mais direito e espontâneo com o outro, sem se confundir com ele. É pela empatia que uma pessoa é capaz de fazer um passeio no interior do outro e retornar com um eco dessa experiência – o que não quer dizer assimilação, pelo contrário, a empatia ajuda a reconhecer as diferenças e os pontos comuns. Crescemos no encontro como dizia o professor Gaiarsa: "Quem não se envolve não se desenvolve."

Ajuste essa ideia à mediunidade; o contato ocorre para o desenvolvimento do ser. O fato da aproximação do amigo espiritual, o fato dele estar atuando, conosco, se dispondo a nos acompanhar em certas atividades, tem por finalidade inspirar ou despertar qualidades que estão inconscientes em nós.

— Não entendi — disse dona Clara.

— Pense que o amigo espiritual, ao aproximar-se, leve o médium a pintar um quadro; é um convite para desenvolver seu gosto estético, a voltar seus olhos para a beleza, para as cores, para as formas.

— E quando o mentor vem e escreve uma poesia, o que quer dizer?

— Não vamos trabalhar sobre suposições, à medida que os transes forem acontecendo, vamos olhando o conteúdo de cada um, à luz da consciência de cada médium. Caso contrário, o exercício passa a ser apenas uma discussão teórica e o grupo perde o tom de "laboratório".

O que verdadeiramente tentaremos incorporar e trazer para a vida é esse atributo desperto. O trabalho mediúnico não se limita às paredes do templo, assim como a saúde não se limita ao consultório médico.

Imagine que há um médium que tenha dificuldade de expressar seus sentimentos afáveis, que tenha uma vida pouco regada pela ternura, por exemplo. Há possibilidades desse médium ter um mentor que se expresse com ternura, para despertar essa semente no interior de seu pupilo. Nesse caso, o incorporar é a oportunidade de despertar a ternura no coração do médium, para ser utilizada no seu dia a dia, e não apenas dentro do trabalho mediúnico.

O mais importante na "incorporação" volto a repetir: é "incorporar", ou seja, trazer para o cotidiano aquela qualidade despertada pelo transe, se é que houve um despertar.

— Eu sempre pensei que o transe mediúnico fosse para ajudar os outros — disse Antônia.

— Também! O transe é para ajudar os outros, mas não só os outros. Aqui, vamos sempre relacionar o transe ao médium.

— Ah! Mas isso não é egoísmo? indagou Antônia.

— Cada um escolhe o que quer acreditar.

Eu escolho acreditar que o conteúdo do transe é primeiro para o médium. Lembrando sempre que a crença é livre; observe o raciocínio: tentar crescer interiormente estudando, amplificando o conteúdo do transe, tentando aprender com ele – é um ato de egoísmo? É um ato de egoísmo, a busca da compreensão do próprio processo?

— Visto desse ângulo, não!

— Ampliar nosso horizonte é tarefa pessoal, é uma marca de autorresponsabilidade. Aqui na clínica, cada um de nós vai aprender com o próprio transe, estudando, analisando e associando seu conteúdo ao próprio processo de vida.

— Mas isso não é coisa de um centro espírita! — interferiu Rebel.

— É por isso mesmo que estamos numa clínica; a visão é outra, há um outro modelo de funcionamento, há uma outra dinâmica; nosso grupo possui uma faceta terapêutica sem perder o jeito de escola. Buscamos entender, obter informações que sejam úteis ao crescimento de cada pessoa, e não importa se a informação vem do evangelho, da psicologia, da mitologia ou da experiência. Temos é de observar, se a informação é útil e se pode ser integrada.

— De novo a colcha de retalhos!

— Ouça Rebel! Você faz um bolo só com farinha? Ou usa outros ingredientes também? Aqui atentamos para a funcionalidade dos ensinamentos. Eu tenho um pensar de integração, mas repito: cada um escolhe o que quer pensar, a crença é opcional — e desviando a discussão, perguntei, se alguém tinha mais alguma consideração sobre o tema da noite "percepção".

As colaborações de cada participante foram discutidas pelo grupo e, no final, montamos na lousa, um quadro assim:

> estímulo → sensação → percepção → impressão →
> interpretação → aplicação

Buscamos adequar as informações à situação mediúnica. O estímulo na mediunidade é extrafísico ou energético.

- Ao captar o estímulo, o médium tem:
- uma **sensação** (arrepio, frio, calor, vê, escuta etc),
- seguida de **percepção**. Se o impressiona, valoriza o que percebe?
- Se valoriza, interpreta? Como entende aquilo que viu?
- O que deduz?
- Como responde à situação, ao estímulo?
- Como integra o conteúdo do transe à sua consciência?

Perceber diferentes níveis de realidade implica interpretação – o que é diferente para cada um, pois o código de interpretação é pessoal, inclusive para a entidade que se comunica. Não é porque o cidadão passou para outra dimensão que se fez sábio, ele continua com o mesmo psiquismo que tinha aqui, também está na jornada evolutiva.

— Como assim? Quando o mentor vem e dá uma comunicação, ele não tem certeza daquilo que está dizendo? — manifestou-se dona Antônia.

— Preste atenção! Ele fala segundo suas próprias crenças, conforme o próprio nível de consciência adquirido. Imagine que um determinado senador da República, aquele que, nas madrugadas, vota atos secretos, em benefício de si mesmo, de seus familiares etc., tem um mal súbito e vem a falecer, então, só porque morreu ficou absolutamente consciente? Não! Ele morre e chega ao outro lado com o mesmo nível de consciência que tinha aqui. A evolução se dá nas duas condições: de encarnado e de desencarnado.

Dona Clara, que até então não tinha dito nada, nessa noite, fez uso da palavra:

— Eu encontrei um pequeno texto que exemplifica isso:

"Três cegos queriam saber como era um elefante. Chegou um circo na cidade que trazia um; os amigos levaram os três cegos até o animal; cada um deles tocou o animal para percebê-lo.

O primeiro cego tocou uma das pernas do bicho e disse: 'O elefante é como se fosse uma coluna'.

O segundo cego tocou a orelha do paquiderme e falou: 'Um elefante é como um tapete enrugado'.

O terceiro pôs a mão na tromba, bem na ponta, e percebendo umidade exclamou: 'O elefante é como uma esponja úmida!'

A realidade é uma interpretação do fato pelas percepções de cada um, segundo seu universo de referências. Como, no caso, elefante não é coluna, nem tapete, nem esponja, cada um leu a realidade conforme era capaz de fazê-lo."

— É assim que surgem as imagens distorcidas — disse Rebel.

O que ela disse é verdade, a realidade pode ser distorcida pela leitura que se faz do fato.

Lá dentro de mim ainda havia mais alguns itens a serem levados em conta, eu precisava acentuar que a percepção era um processo de:

- recepção;
- seleção;
- aquisição;
- transformação e
- organização – das informações recebidas desta ou de qualquer outra dimensão.

Um médium responsável por si, e consequentemente pelo seu processo, precisa estar atento ao fato de que perceber:

- é entrar em contato;
- é notar;
- é distinguir e
- tomar conhecimento – o que se anuncia como um longo trabalho.

Retomei a palavra e fomos caminhando pela aula:

— Meus queridos, gostaria que pensássemos um pouco nas implicações mediúnicas da percepção: num transe, o médium vidente percebe uma entidade (um soldado) junto a uma pessoa encarnada e narra sua vidência ao grupo, cujos participantes interpretam assim:

Participante A
Você foi um soldado na encarnação passada.

Participante B
O seu mentor é um soldado.

Participante C
Você é obsediado por um soldado.

Participante D
Um soldado pede ajuda....

> Pense: a interpretação é por conta de quem?
> - do médium?
> - de quem está sendo assistido?
> - do orientador do trabalho?
>
> Como funciona essa relação?

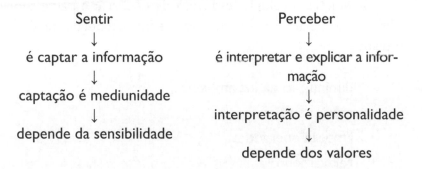

Pense naquela situação, em que o homem cego, depois de uma cirurgia, passa a ter a sensação visual da cor e da forma, mas não sabe como interpretá-las.

Pense nas implicações mediúnicas deste fato: obter uma mensagem é um fato e interpretá-la é outro.

Acrescenta-se a isso que toda percepção é uma *gestalt*, e nela está contida a interpretação do médium, e esse pode apenas relatar o que percebeu, e nem sempre aquilo que a entidade falou foi o que o médium entendeu.

O mentor envia uma ideia, o médium a capta como pode, como é capaz. Depois decodifica essa ideia, essa mensagem, segundo:

- sua particular forma de ver a vida;
- segundo sua filosofia;
- segundo seus valores;
- segundo suas crenças.

A mensagem passa, obrigatoriamente, pelo psiquismo do médium. Não há outro meio.

Einstein defendia a opinião de que "o que vemos depende das teorias que usamos, que cremos, para interpretar nossas observações". Transfira isso para o transe.

Olhei para o relógio, era hora de encerrar a parte teórica e abrir espaço para a comunicação mediúnica. Seguimos o ritual do transe:

- diminuição da luz ambiente;
- música suave;
- limpeza energética;
- relaxamento;
- contato;
- envolvimento;
- manifestação.

É hábito, em nossa clínica, gravar o transe. Então o gravador estava ligado.

Para que o médium não fique em transe num tempo excessivo, temos algumas regras didáticas a serem seguidas, que a experiência demonstrou serem necessárias e satisfatórias.

Ocorrido o momento do transe, cada aluno faz o relato de sua experiência pessoal, caso queira reparti-la com o grupo; às vezes alguns guardam a experiência só para si mesmo, preferindo fazer silêncio sobre o fato. Respeitamos a decisão de cada um. Aproveito para lembrar que quando a lembrança do transe não é estudada, é mais ou menos como receber um e-mail e não abri-lo, ou ter um sonho e não dar a ele nenhum momento de reflexão.

É da vivência do transe, da observação de nossos processos diários, de nossos estudos, das pesquisas e aprendizagens, que vamos compondo o nosso desenvolvimento.

O povo pensa que desenvolvimento mediúnico é o desenvolvimento de fenômenos paranormais. Aqui na clínica, a ênfase do desenvolvimento mediúnico é adquirir conhecimento sobre nosso processo e controle sobre nosso padrão mediúnico.

Se a pessoa já nasceu com um nível de percepção mais apurado (percepção do mundo energético que nos circunda), aprenderá a ter controle sobre o próprio processo. Às vezes a pessoa diz: "Eu não quero desenvolver a mediunidade" – esse não é o raciocínio adequado, o adequado é viver com ajuste e segurança, os atributos que a vida nos dotou.

Para assumir o controle, precisamos de treinamento. Buscamos, em nosso laboratório de mediunidade, criar condições adequadas para esse treinamento/desenvolvimento.

O desenvolvimento mediúnico é assumir o controle das próprias faculdades e não das entidades. Querer assumir o controle sobre as entidades não é uma questão de mediunidade, mas uma questão de megalomania.

A captação de emoções ou pensamentos, sem a noção de que é puramente captação é desastroso. Significa que a pessoa possui uma antena de longo alcance, mas sem controle sobre a manifestação (Não vai prestar!).

Aprendemos a condicionar nossas necessidades de sono, de fome, de sede, de sexo, organizamos nossa vida com disciplina, não dormimos o dia todo, temos horário para as refeições, não fazemos sexo em qualquer lugar com qualquer pessoa, ajustamos nossas necessidades. O mesmo faremos com nossa mediunidade, ajustaremos as percepções que nos chegam, no melhor que formos capazes.

O material liberado pelo transe, com seu conteúdo psíquico, vem à tona, revelando tendências do inconsciente ou a sincronicidade não existe.

Fui à lousa e destaquei a ideia:

> Estímulo extrafísico > psiquismo do médium > interpretação > aprendizagem

código
pessoal

A cada encontro, vamos aprofundando nossas reflexões, então o tema da lição de casa a ser pesquisado, para a semana seguinte, foi:

- "Cada emoção provoca uma reação química em nosso corpo".

Vamos lembrar que um médium é uma pessoa que tem a faculdade de captar emoções. Temos aí material de estudo para várias encarnações.

Captação das emoções

Às vezes, a pessoa sem ter consciência de nada e sem nenhum motivo tem:

- medo infundado;
- irritabilidade injustificada;
- sensação de desconforto;
- tristeza que chega às lágrimas e não sabe de onde vem.

— Há a possibilidade de que esses sintomas sejam captados? — a pergunta veio de Renata.

— Sim! Há a possibilidade — respondi.

— E como fica? É difícil para a pessoa que não conhece o processo mediúnico.

— Tudo o que desconhecemos é difícil, até que venhamos a conhecer. Se podemos captar emoções, digamos, uma grande tristeza, facilmente chegaremos às lagrimas. Passei por uma situação muito próxima disso. Meus filhos já tinham morado fora do país para estudar. Eu já os havia levado muitas vezes aos aeroportos, já havia passado por várias despedidas, abraços, lágrimas... E agora, quando parecia que já estava mais habituada à ausência física deles, vi-me às voltas com uma imensa sensação de tristeza.

Minha filha caçula com 21 anos estava fazendo um curso de alemão, já falava inglês, espanhol, e agora se aplicava em nova aprendizagem, e não bastando isso, um dia, apresentou à família um rapaz loiro, de olhos azuis nascido na Alemanha.

Uma semana depois, à tarde, enquanto dirigia meu carro por uma movimentada avenida, fui tomada de assalto por um pensamento: "ela vai para a Alemanha, vai morar lá, vai ficar longe, você nunca mais vai vê-la..." Quase que de imediato, uma enorme tristeza se instalou no meu peito e comecei a chorar. Desviei o carro para uma travessa com menos trânsito, procurei uma caixa de lenços de papel, enxuguei as lágrimas e botei ordem no galinheiro, digo, no psiquismo, na vida interior.

Disse pra mim, num monólogo interno: "Aparecida, pode parar com esse drama, você já teve filhos embarcando para as terras geladas da Rainha Elizabete II, seu outro moleque já construiu bonecos de neve canadense, a sua caçula até já xeretou nos parques onde os leões andavam à solta... o que é isso agora? Uma recaída de mãe tupiniquim de filhos viajados? Não tem graça.

Em vez de chorar, procure perceber com maior profundidade por que você captou essa tristeza. Porque isso é uma captação. Você está no meio do trânsito e agora não é hora para transes. Olhe a indisciplina mental. Pare de dar guarida a esses pensamentos que chegaram. Além de abrir a porta para eles, ainda está oferecendo chá com biscoitos... e principalmente: veja em qual gancho o pensamento se enroscou".

Era a "voz muda" falando dentro de mim.

Foi fácil, a ficha caiu rápido: o gancho era o apego materno, que muitas vezes é confundido com amor.

Coloquei cada coisa na gaveta certa, apego na gaveta de apego, amor na gaveta de amor; lembrando-me do ensino de Buda: *"O sofrimento é basicamente ocasionado pelo desejo de controle (do ego). Muitas vezes queremos controlar o ambiente, os outros, até mesmo a morte"*; e como não somos capazes de controlar a vida do jeito que queremos, sofremos com as perdas ou a possibilidade delas.

Minha caçula acenava com a possibilidade de morar na Alemanha, o que no momento era apenas uma fantasia minha; e sofrer por fantasias... Quando você percebe o processo, não dá!

Eu poderia entender seu provável afastamento como uma oportunidade de novos conhecimentos ou novo trabalho. Por que escolher pensar e valorizar mais "a visão de perda?" Teoricamente, sabia que todas as situações podem trazer um ganho... era preciso fazer valer a ideia de que nossos filhos, não são nossa propriedade, mas filhos da "ânsia pela vida".

Se eu posso escolher o que quero pensar, é burrice escolher uma fantasia desastrosa que sirva de gancho, para um transe no meio do trânsito. Então pus o carro em movimento e segui. Agradeci Kalil Gibran pelo conselho sobre nossos filhos, lido alhures.

Parece fazer parte de nossa natureza o apego à família... O coração ansiava pela permanência e o cérebro reconhecia a validade da fantasiosa partida. Eu precisava gerenciar esse encontro da emoção da mãe, com a racionalidade da professora. Usando uma psicologia pessoal, optei pelo reconhecimento de que a expansão da consciência se apoia no fato de concebermos que a constância da vida é o seu movimento, nada fica parado, nem minha caçula.

Querer coisas para as outras pessoas não é muito sábio, ficamos agarrados naquilo que queremos, quando Pai do Céu ou a Natureza deu arbítrio a cada um. Amar, no caso, implicava abrir espaço para que ela escolhesse, respeitando o sagrado direito à própria escolha. Não há amor feito de desrespeito à vontade do outro.

Se aguçarmos o olhar poderemos ver:

sentimento captado (energia)
+ meu próprio sentimento
= somatização das lágrimas

Desconfie de sentimento súbito.
Pergunte: de onde vem esse sentimento?
Como escolho lidar com esse sentimento?
Esse sentimento me faz bem?
Essa sensação é agradável?

Meus amores, nem sempre quando um sentimento povoa meu campo astral, quer dizer que é necessariamente meu:

- Nossos sentimentos podem ter parceria.
- Nossas emoções podem ter parceria.
- Nossos pensamentos podem ter parceria.

E não vamos distiguir o que é nosso, o que é do "parceiro", sem antes conhecermos aquilo que é nosso.

Sempre haverá uma conexão, no estilo plugue-tomada. Se quero ou não algum parceiro astral ligado a mim, devo tomar conta de minha tomada; não adianta o parceiro astral vir com seu plugue para conectar, se não há tomada instalada em minha forma de ser.

É fácil de entender, mas só entender não basta, se bastasse, médico não fumava...

Se captamos uma emoção, abrimos nosso organismo físico para uma reação hormonal correspondente.

— Como? — perguntou dona Clara.

— Muitas vezes, quando um médium entra em transe, por magnetismo, capta a emoção da entidade (do mentor ou do obsessor).

Antônia aproveitou a oportunidade e expôs um situação vivida por ela:

— Você foi falando e eu fui lembrando que há dias, que eu não sei explicar, por que fico com tamanha raiva e tenho vontade de quebrar tudo. Outro dia quebrei o vaso da mesa da cozinha, tamanha era a raiva que eu sentia. Depois, fiquei sem saber por que tinha feito aquilo, e então me deu um sentimento de culpa e de medo, pois senti que havia perdido o controle da situação.

Aproveitei o exemplo para explicar dentro do tema: cada emoção provoca uma reação química. A emoção do outro (do desencarnado) se junta a minha:

emoção do outro (captada pela pineal)
+ a minha emoção
= comportamento ditado por uma sobrecarga emocional

— Quando ocorre uma captação, é porque há a relação plugue-tomada. Um sentimento é um campo energético que tem uma determinada frequência e para haver uma captação é preciso que tenhamos, em nosso psiquismo algo semelhante para haver uma contaminação, uma ressonância ou conexão (não importa o nome), se faz necessária a sintonia. A energia captada é transformada numa reação química dentro de seu organismo. Você é o laboratório, o agente de transformação.

— Tudo isso é muito teórico — disse Rebel.

— Não me parece teórica, a adrenalina que você joga na corrente sanguínea, quando está com raiva — respondi sem dar grande importância ao comentário dela.

Quando você sente ou capta uma emoção, o organismo reage da mesma forma, o cérebro não sabe distinguir uma fantasia de uma cena real. O cérebro responde a uma impressão. Você assiste a um filme erótico, sabe que é um filme e, ainda assim, seu cérebro comanda algumas reações químicas no corpo, que serão identificadas como sensações.

Veja que interessante:

- a captação é feita pelo sistema nervoso.
- as informações chegam ao tálamo na forma de sensação.
- o sistema de sensopercepção talâmica envolve os estados de sensopercepção extrassensorial.

Outro dia um aluno relatou: "Eu vi meu pai entrar em meu quarto às 23h30, quando me preparava para dormir, só que ele estava em Recife, a 3 mil quilômetros de distância. Poucos minutos depois, o telefone tocou avisando o falecimento dele".

O aluno captara uma impressão visual extrafísica e processou essa captação, em conjunto com os valores abrigados em seu psiquismo.

No corpo físico, o estímulo que chega percorrerá as vias do sistema talâmico, onde há uma estrutura denominada hipotálamo, que cuida de áreas do nosso comportamento.

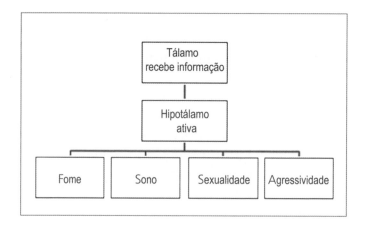

Quando há uma captação mediúnica, a informação circula por esse território.

Chegou aqui aquela cliente com queixa de bulimia, aquele exagero mórbido do apetite. Fazia acompanhamento médico e tomava medicação específica, estava melhor, mas começava a apresentar um outro sintoma, a irritabilidade.

Observe que apenas houve um deslocamento do sintoma. Nosso psiquismo é integrado ao nosso corpo e a região da fome abriga tanto a fome orgânica quanto a fome psíquica; muitas vezes a fome da alma é confundida com a fome do corpo.

Quando saciamos a fome da alma, não temos mais aquela fome excessiva no corpo. Lembrei do meu professor quando comentava que *O Pensador* de Rodin está sem energia para levantar a cabeça, apesar de todo aquele corpo musculoso. É que naquele momento, estava entregue ao pensamento. O que mantém a força física é a força psíquica que também precisa de alimento.

Necessitamos de três categorias de elementos básicos:

- para o corpo físico – comida bem cuidada;
- para o corpo astral – sentimentos bem balanceados;
- para o corpo mental – ideias adequadas, criteriosamente escolhidas.

Esse sistema de estimulação física, astral e mental age no hipotálamo, havendo uma interação. Veja que as pessoas deixam de comer por tristeza, é a emoção atuando no físico. Então, quando deixamos de usar a inteligência na administração de nossas questões internas, essas questões passam a ser vistas como problemas.

A agressividade, quando usada com inteligência, é transformada em coragem.

O sono permite o descanso, mas também o desdobramento (emancipação do espírito).

A sexualidade nos traz o benefício da troca energética.

A fome provoca a busca de alimentos e, consequentemente, a restauração de forças. Tudo está conectado.

Abrigamos todos os potenciais (as sementes divinas) em nossa alma. Quando as temos, mas não usamos, o potencial não se desenvolve, o que acarretará danificação no equilíbrio do sistema global do ser. A pessoa tem e não usa a sua semente de amor, de carinho... vive mal-humorada, seca, amarga... Não há troca, a energia fica estagnada, então vai escapar por outro lado:

- distúrbios do sono;
- distúrbios da alimentação;
- distúrbios da sexualidade.

Se há distúrbio de um lado, há represamento de outro. Se há compulsão de um lado, há repressão de outro.

Meu amigo espiritual costuma dizer que: "*o seu problema é do tamanho de sua força*", e eu arremato: Pai do Céu não é sádico, não permitiria nada além do que possamos fazer, ainda que não saibamos.

Era importante abrir espaço para que os participantes pudessem perceber a integração:

alma → mente → sentimentos → corpo → reações químicas
(ideias)   (emoções)

Cada sistema participa de todo o conjunto, inclusive o sistema de valores que embala cada crença ou cada ideia. Por isso, era importante que cada aluno percebesse:

- o seu jeito de pensar,
- de sentir,
- de agir – isto é, sua personalidade.

É importante compreender a relação mediunidade-personalidade, para entender o próprio processo mediúnico.

Esse ângulo de visão já havia fechado inúmeras portas pra mim, mas escolho pensar que assumir plena responsabilidade por mim mesma, até pelos próprios pensamentos que cultivo, não é tarefa tão simples.

— Ah! Mas o pensamento chega e não pede licença — era a voz de Rebel se espalhando no ar.

— Mas você o valoriza e o mantém se quiser.

Nisso, lembrei-me com clareza do que li, escrito num livro de um homem muito sábio, chamado Jung (um psiquiatra suíço), e relatei ao grupo minha lembrança:

"Filêmon, da mesma forma que outras personagens da minha imaginação, trouxe-me um conhecimento decisivo de que existem na alma coisas que não são feitas pelo eu, mas que se fazem por si mesmas, possuindo vida própria.

Filêmon representava uma força que não era eu. Em imaginação, conversei com ele, e disse- me coisas que eu não pensaria conscientemente. Percebi com clareza que era ele, e não eu, quem falava: Explicou-me que eu lidava com pensamentos como se eu mesmo os tivesse criado; entretanto segundo lhe parecia, eles possuem vida própria, como animais na floresta; homens numa sala ou pássaros no ar:

— Quando vês homens numa sala, não pretenderias que os fizeste ou que és responsável por eles" — ensinou- me. *Foi assim que pouco a pouco me informou acerca da objetividade psíquica e da realidade da alma (...)"*

— Se Carl G. Jung, passando por cima dos preconceitos, pôde admitir que pensamentos nos visitam, eu posso admitir, se quero abrigá- los em minha consciência ou não.

Não é porque um pensamento chega a minha cabeça, que vou dar meu sobrenome a ele; da mesma forma que escolhemos nossas roupas ou livros, também podemos escolher pensamentos.

É preciso aprender a não nos confundirmos com os conteúdos de nossa consciência — o que não é muito fácil. Eu tenho um pensamento, uma ideia, mas não sou o pensamento que pode ser trocado, eu sou aquele que pensa e se o pensamento pode ser trocado, eu não sou o pensamento.

Parecia que nem todos na classe tinham entendido a minha fala, mas cada um entende o que dá, o que consegue ou o que quer entender.

Meus apontamentos não haviam saído do papel, havia de falar de como as nossas emoções provocam efeitos sobre o nosso corpo, demonstrando o salto do psíquico para o orgânico, para depois acrescentar a questão da captação mediúnica, pois se já possuímos um núcleo psíquico que favorece uma somatização, imagine se a esse núcleo for acrescentado algo mais.

O esquema que trouxera para aula, baseado no estado de ansiedade e respectivas reações orgânicas, começou a ganhar corpo na lousa:

— Alguém na classe, algum dia, já sentiu ansiedade? — Foi um murmúrio geral, afinal quem nunca sentira ansiedade? — Gostaria que lembrássemos como entendemos ansiedade.

— Uma desagradável sensação de apreensão, quase um medo — disse Eros.

À medida que falavam, eu ia colocando as colaborações na lousa:

- um sentimento de impotência;
- pressa;
- afobação;
- medo;
- impaciência;

- tensão entre o agora e o depois;
- fuga do presente.

Todo o grupo já estava sintonizado no tema, fomos adiante, registrando como nosso corpo biológico reage ao estado de ansiedade:

- sensação de fraqueza;
- tensão muscular;
- fadiga;
- mãos frias e úmidas;
- boca seca;
- vertigem;
- tontura;
- náusea;
- diarreia;
- rubor facial;
- calafrio;
- "bolo" na garganta;
- dificuldade de dormir etc.

— Por que ficamos ansiosos? — perguntou dona Clara.

— Porque temos medo da perda do controle sobre alguma situação. Por exemplo: quando nos sentimos expostos a alguma ameaça, ou se precisamos chegar ao aeroporto para o embarque e o trânsito onde estamos está congestionado.

Cada um de nós entra em diferentes níveis de ansiedade, por diferentes motivos. Quando estamos em transe, podemos nos deparar com uma entidade ansiosa, por conta da frequência. O alerta é que tudo aquilo que carregamos dentro de nós, nossos atributos e nossas características, funcionam como um imã atraindo situações da mesma natureza. Na proximidade, na troca energética propiciada pelo transe, podemos captar sintomas alheios e pensar que são nossos; lembrando que tanto podemos receber uma influenciação como provocá-la no espírito que se aproxima.

— Podemos influenciar um espírito? — indagou Carlos.

— Tanto quanto o espírito pode fazer o mesmo conosco.

— Pensei que pudéssemos ser influenciados, mas nunca pensei na situação oposta.

— Mediunidade é uma via de mão dupla: assim como aprendemos com alguns, ensinamos a outros, às vezes até sem querer. O pessoal da vidência relata que temos alunos de outra dimensão assistindo às aulas conosco. Quando educamos nossas emoções e aprendemos a lidar com nossos próprios sentimentos, além de ficarmos menos vulneráveis, ensinamos, com nossa atitude e exemplo, àqueles que estão ao nosso redor, na dimensão física ou extrafísica.

Educação emocional traz lucros. Pensem no quanto ganharemos, quando aprendermos a lidar melhor com nossa ansiedade, o quanto vamos agredir menos o nosso físico. Pense no quanto vamos dimuinuir em gasto energético, com náuseas vertigens ou diarreias...

É função da inteligência educar o instinto e as emoções. Quando emitimos um pensamento, ele é derramado na forma de estímulos sobre nossos neurônios, que são pequenas fábricas de elementos químicos em nosso corpo.

Imagine que quando estamos estressados, fabricamos um tipo de proteína (putrescina) e, quando estamos felizes, produzimos outro tipo de proteína. A fábrica é a mesma, o que varia é o produto fabricado, em função da emoção.

— Isso acarreta responsabilidade para o dono da fábrica — observou Carlos.

— Sempre, a grande saída é a educação: educar o pensamento e as emoções. Esse é um trabalho que não temos feito com alto nível de conscientização, mas estamos tentando; a ideia sobre a importância da integração alma–mente–emoção–corpo já é um começo. É exatamente o que acredito, um bosque não aparece pronto, ele veio de uma semente.

Sugeri que, se possível, visitássemos a feira de ciências da Universidade de São Paulo, onde o saber oficial demonstrava de forma bastante clara o rumo:

emoção–glândula–hormônio–sistema imunológico, contando que gente estressada fica doente mais facilmente. E eu ouso acrescentar que a emoção pode ser captada.

Adotamos, na clínica, a postura de fazermos algumas visitas, ou sugerimos que os alunos visitem:

- feiras de ciências, para clarear a noção de magnetismo; observar imagens holográficas e como todas as frequências das cores viajam num mesmo raio de luz (todas experiências valiosas);

- praias solitárias, parques, fontes ou cachoeiras, por serem cenários que convidam à introspecção;

- teatros, porque os amantes da música podem, nos concertos, vivenciar oportunidades de sensibilização.

As visitas aos museus, que albergam as esculturas e pinturas, nos estimulam; a visita a um jardim, com sua profusão de formas, cores e aromas, também acrescenta no desenvolvimento de nossa sensibilidade.

Mediunidade é função de sensopercepção do ser, que pode e deve ser estimulada, além das paredes do centro espírita.

Na parte prática da nossa aula, buscamos fazer contato mais claro, mais consciente com as energias do ambiente extrafísico.

Minha proposta de trabalho com o grupo consistia de dois momentos:

- introdução ao estudo da relação mediunidade-personalidade;
- estudo da simbologia do transe.

Considero um desperdício de energia, não aproveitar o conteúdo do transe como benefício, principalmente ao próprio médium, pois ele vem, estuda, se dedica; alguns psicografam, pintam, têm vidência... E esse material todo fica esquecido em alguma gaveta qualquer... Aqui na clínica, damos a ele outro destino. Bem, já era hora de rumar para o estudo da simbologia do transe.

Ao final da noite, nos despedimos, mas antes solicitei que cada aluno pesquisasse, durante a semana, o tema "consciência".

Consciência

Sobre o tema solicitado no encontro anterior, "consciência", surgiram algumas informações:

- conhecimento;
- subproduto do sistema nervoso;
- capacidade que o homem tem de conhecer valores e aplicá-los;
- percepção da própria experiência;
- faculdade de percepção.

Era preciso, antes de prosseguir, o estudo do transe (um estado alterado de consciência), entender o que é consciência. Cada um foi explicando o que entendia, o que havia pesquisado.

Tomar consciência do sapato, do caderno, isto é, dos componentes do universo físico, era fácil, mas tomar consciência da própria consciência já não era tão fácil assim, era um empreendimento.

Denis havia trazido para a classe, um texto que afirmava que o inconsciente é fruto do consciente; enquanto Juliana apresentava uma fala de Jung, que dizia que o consciente nasce do inconsciente, assim como a criança nasce da mãe.

— Com que ficamos? — a pergunta de Rebel não se fez esperar.

— Freud, no início da Psicanálise, entendeu o inconsciente como o conjunto de desejos recalcados. Jung usou o termo "inconsciente" para designar tudo o que está fora do campo da consciência (a ciência, a arte, tudo que ainda não chegou à luz da consciência e não apenas aquilo que foi por ela rejeitado). Até que surja um modelo mais adequado, vamos admitir que a consciência é:

- uma espécie de "órgão" de percepção;
- plástica, isso é, mutável;
- uma espécie de "órgão" de orientação em desenvolvimento;
- a única parte da mente conhecida diretamente pela pessoa.

Ela aparece no primeiro ano de vida, a criança reconhece os pais, os alimentos, os brinquedos, e esse reconhecimento vai aumentando dia a dia constituindo o universo infantil. Esse desenvolvimento atravessa a infância, a adolescência e, ao alcançar a idade adulta, abriga vasto material angariado com a vivência, para ser gerenciado:

- a consciência do que vê;
- do que ouve;
- do paladar;
- do tato;
- do olfato;
- de todas as sensações internas, dores;
- das emoções;
- dos pensamentos;
- dos sentimentos;
- das fantasias;
- das inspirações;
- das intuições;

- de nossas crenças;
- da consciência (a autoconsciência).

O trabalho de gerenciamento desses e de outros conteúdos que chegam à consciência, fica por conta do ego, que também se desenvolve e tem a incumbência de ajustar as necessidades interiores (impulsos) que chegam, àquilo que o meio ambiente permite. O ego parece um diretor executivo tomando conta dos departamentos de sua empresa ou um polvo que precisa coordenar seus braços.

No bebê, o ego tem uma atitude passiva que, durante a infância, vai se desenvolvendo, se chocando com o mundo exterior e ganhando uma postura mais ativa. Quando percebemos nossas necessidades, buscamos soluções e, nessa busca, realizamos nossos desejos, formamos o ego e ampliamos a consciência.

Um aluno recém-chegado ao grupo, Thiago, trouxe sua colaboração:

— Do ponto de vista neurológico, a consciência em suas várias formas é o produto de um conjunto generalizado de mecanismos neurais, que passam por vias sensórias.

— Sim, para que a consciência se manifeste, precisa de órgãos das estruturas encefálicas. Se o órgão ficar comprometido num trauma, o sistema nervoso poderá apresentar sequelas, o que, em termos mediúnicos, também terá repercussões. O caminho do crescimento do ser é povoado por conflitos, satisfações, ansiedades, medos e frustrações.

— Por que você procurou a clínica de mediunidade? Pra me dizer que tudo estava harmônico? Não! Quem aparece por aqui, é porque tem uma questão a resolver. A estabilidade do ego é relativa por estar sujeita a influências do inconsciente, do meio ou, ainda, de espíritos desencarnados, principalmente quando o médium possui uma permeabilidade maior. É da natureza do médium ter um alto nível de permeabilidade, senão não seria médium. Por estar sujeito às influências, por vezes o ego pode ser invadido, possuído por aspectos inconscientes ou externos à sua personalidade, podendo ser leve ou profundamente alterado por eles. É quando dizemos: "Fulano perdeu a cabeça!"

Podemos visualizar um modelo para ajudar a compreensão, lembrando que o ego também busca defender-se das influências: "Agora não dá para conversar, preciso estudar, tenho prova amanhã!"

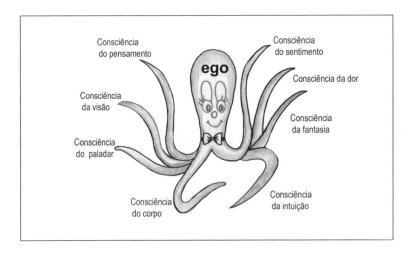

De um modo geral, na infância, a criança vai assimilando com mais facilidade. Na adolescência, os valores começam a ser questionados e, na idade adulta, espera-se uma filtragem maior, tendo em vista que o adulto passou por mais experiências – o que não é lei, porém, de qualquer forma, a principal função do ego e da consciência é a adaptação à vida.

— Isso quer dizer que a consciência terá de dar conta do transe mediúnico? — a pergunta veio de Alcli.

— Entendo que a consciência administrará o transe, da mesma forma como faz com o sonho, com a alimentação ou o trabalho. A consciência viverá o transe, sentirá o transe, pensará no transe e, refletindo sobre ele, se ocupará de seu conteúdo — respondi.

A reflexão que deve suceder ao transe é importante, pois a consciência não é simplesmente uma espectadora do mundo, mas uma participante de sua criação. A consciência é de natureza criativa, e para estudá-la com um pouco mais de acuidade, necessitamos tomar alguma distância dela.

Olhei a expressão dos alunos e, nesse momento, Eros perguntou:

— Distanciarmos dela?

— Sim! Uma vez que só podemos observá-la e descrevê-la com ela mesma, com o próprio ego, que é o seu centro. Se o ego estiver muito junto, muito identificado com o instrumento de observação, a avaliação ficará "meio" prejudicada. Pense que para ler, temos de afastar um pouco o livro dos olhos, se mantivermos o livro colado aos olhos, não vamos enxergar nada.

Somos a um só tempo:
- o observador (eu olho);
- a coisa observada (o objeto que olho);
- e o próprio processo de observação — mas não estamos habituados a gerenciá-la desse ponto de vista.

— Não entendi como faremos isso — disse Rebel.

— Vamos treinando isso gradualmente, temos um pensamento mas não somos apenas o pensamento, temos um impulso, uma emoção, mas não somos só os impulsos ou as emoções, temos lembranças ou fantasias e não somos as lembranças ou as fantasias, temos um transe mediúnico e não somos o transe... Somos a essência, o espírito por trás disso tudo.

Durante o transe, chegam sensações via sistema nervoso, trazendo imagens, conceitos, informações e emoções à consciência do médium que, às vezes, sabe que isso é um transe (há essa percepção); outras, não sabe que está ocorrendo uma captação. Apurar o próprio processo de autopercepção é uma das funções do laboratório de mediunidade.

— Se é autopercepção, o laboratório sou eu! — exclamou Juliana.

— Parabéns ! É isso mesmo. A própria pessoa é o espaço onde ocorre o fenômeno. O transe, assim como o sonho, é um fenômeno pessoal, individualizado; a reunião que fazemos visa refletirmos juntos, facilitar nosso estudo e compreensão. Vamos amadurecendo juntos nossa mediunidade, temperada com uma pitada de Pedagogia, de Psicologia e de observação conjunta. Vamos aprendendo que nossa sensibilidade é mais aguçada do que imaginávamos, e concluímos que isso é natural, é parte integrante de nossa natureza. E se é parte integrante de minha natureza, é bom eu me inteirar disso.

Retomamos aquela ideia de que se a função do ego e da consciência é a adaptação à vida, significa que preciso adaptar isso à minha própria vida. Num primeiro momento, essa adaptação implica o desenvolvimento da consciência. O que você desenvolve é a consciência, não a mediunidade. A mediunidade você educa, como quem educa a voz. Você já nasce com potencial vocal, só vai educá-lo. Você já nasce com mediunidade,só vai educá-la. Você já nasce com sistema nervoso, só vai utilizá-lo mais profundamente.

— Já nascemos com mediunidade? — perguntou dona Clara.

— Tanto quanto já nascemos com a pineal e os pulmões. Quando chegamos aqui, já trazemos o "*kit* completo", vamos só desenvolvê-lo ou não. Aqui na sala, todos têm potencial para falar chinês, mas não falamos porque não treinamos. O potencial está lá dentro guardado; se iniciarmos um treinamento diário, no final de dois anos, muito provavelmente, já teremos um bom vocabulário, já fazemos isso com inglês.

Além da questão de desenvolvimento da consciência, da adaptação, há que se levar em conta a própria existência:

- Por que a vida trouxe esta situação para mim?
- O que posso aprender com isso?

A possibilidade de criar significados e dar um sentido à existência é desempenhada pela própria consciência e pelo ego, que são capazes de trabalhar com fatos e símbolos. O transe é simbólico.

— Como assim? — indagou Antônia.

— Observe que o médium esteve, o tempo todo do transe, sentado aqui na sala, mas relata que viu um campo sendo plantado. Viu, onde? Onde estava o campo? O médium não saiu daqui; aqui não tem campo nenhum; então é fácil de entender que aquilo que o médium viu (pela própria vidência) é simbólico, nesta dimensão.

Os sonhos, as fantasias, as imaginações falam conosco por meio de símbolos, o que nos abre uma porta imensa, entramos por ela ou passamos sem entrar – é opcional e optar é função da consciência.

Trabalhar os símbolos do transe é uma das questões principais do laboratório de mediunidade. A simbolização é uma função psicológica. O transe mediúnico é simbólico, portanto, o psiquismo do médium é parte integrante da situação – queira sim, queira não!

Simbolização = ação do símbolo

A simbolização é uma faculdade mental capaz de representar uma experiência e mantê-la na consciência. Vamos aprendendo a trabalhar com essa função. É preciso um certo tempo.

133

Os olhos são o espelho da alma. Tendo dito isso, percebi que o olhar dos alunos traduzia uma certa perplexidade; a reflexão sobre a clareza da mente consciente e sobre suas funções no transe mediúnico cheiravam a tinta fresca e acarretavam um novo capítulo de responsabilidade no histórico da mediunidade de cada um. Olhando para o território da consciência, podemos mapeá-lo, usando um modelo grego de mundo, adaptado à Psicologia:

- terra – sensação
- ar – pensamento
- água – emoção
- fogo – intuição

A sensação traz à nossa consciência um fato (cheiro).

No pensamento, você reconhece o fato, o significado (cheiro de café).

O sentimento revela o valor (apreciar um cafezinho, ou não).

A intuição aponta as possibilidades (quem será que está coando café?).

Essas atitudes básicas da psique estão presentes no transe.

A sensação diz que alguma coisa existe.

Você está quieto, calmo e, de repente, sente:

- um arrepio no corpo;
- uma aragem gelada;
- uma presença no ambiente;
- ouve um ruído ou uma voz;
- vê uma cena.

O pensamento revela o que é esse algo, e muitas vezes não sabemos o que pensar sobre. Será muito sensato, nessas ocasiões, observar e pesquisar, em vez de ficar com qualquer explicação dada por alguém que não viveu a sua experiência, que não viveu o seu transe. Lembre-se que a sensação foi somente sua, daí, a necessidade de estudo constante.

O sentimento vai dizer o valor do seu transe, da sua sensação e da sua percepção. Então, intimamente, faça um levantamento:

- Que importância você dá ao fato?
- Espera que os outros valorizem esse fato?
- O que sente em face da situação?

A intuição é uma percepção (por meio não tão claro, vem uma informação). É um modo de "sacação" não racional. A intuição não é elaborada ou pesquisada, vem pronta! Exemplo: a campainha toca e você, de dentro de seu quarto, sem nenhuma informação ou indicação racional, sabe quem está tocando a campainha lá fora.

O transe, assim como o sonho ou a fantasia, traz símbolos para a sua consciência, que podem dizer muito a você ao seu crescimento, se o conteúdo trazido por ele for integrado ao estado habitual de consciência.

Decodificar o conteúdo do transe é tarefa pessoal, e aqui na clínica tarefa muito valorizada.

Discutimos e exemplificamos mais um pouco o assunto, sempre destacando que o fenômeno ocorre no psiquismo do médium, o que, sem dúvida, justifica conhecer um mínimo da própria vida psíquica.

Fizemos nossas preces, seguindo todas as etapas já descritas, encerramos o encontro, não sem antes fazer as recomendações rotineiras de lição de casa:

1°) Cada um daria um significado próprio à experiência do transe, ou, ao menos, refletiria sobre essa possibilidade.

2°) Estudar as funções psicológicas da consciência:

- sensação;
- pensamento;
- sentimento;
- intuição.

Professor que se preze não se contenta apenas com o trabalho de classe.

Aluno que se preze também não se contenta apenas com a fala do professor.

Estudo do transe

Entramos na classe para o encontro habitual. Resolvi Inverter a ordem de trabalho, primeiro nos dedicamos à experiência do transe:

- o abaixar das luzes;
- a música suave;
- a prece;
- o relaxamento;
- a expansão da aura;
- o envolvimento;
- a manifestação (que habitualmente é gravada);
- o agradecimento aos amigos espirituais presentes e
- o estudo do transe.

Como éramos várias pessoas na sala, fomos nos alternando. A cada semana, um ou dois participantes contava a sua experiência para estudo.

— Alguém gostaria de relatar a própria experiência? — queria ouvi-los.

— Eu gostaria — colaborou Denis.

Então, ligamos o gravador para ouvir novamente a psicofonia do rapaz:

"Use muita música alegre, festiva, Vivaldi, Strauss... Sorrisos são flores... Estamos numa sintonia muito bela. Estamos chegando a uma outra etapa do curso onde cada um vai se reavaliar, vai pensar... O que aprendi? O que é bom? O que é necessário? Vai pensar no que sente... Ainda teremos escrita, e teremos desenhos.

Aqueles que aqui ficaram são aqueles que perceberam que este estudo é uma verdade pra si.

Pensem que é possível fazer uma adequação de música com pintura ou com escrita.

Experimentem.

Vaidade é coisa da infância do espírito. Exercitem... não importa o que seja.

Existe em algumas almas, neste grupo, uma energia de maior soltura; outras almas de energia muito controladora que precisa ser verificada.

Cada um tem o seu ofício de alma... o seu ofício de alma (apontou um dos presentes). é o ofício da liberação do aprendizado da alma, das virtudes mediúnicas; cada um tem o seu próprio.

Vocês estão florescendo, alguns se sentem inibidos e, com isso, tolhem oportunidades.

Existe uma gama de terapeutas, de mestres, artistas, escultores que estão aptos ao trabalho, mas não é um dom que possa ser utilizado de momento.

Continuar o treinamento prático, é bom!

Façam dois minutos de paz pelo planeta.

Pedimos aqui, o concurso de amigos encarregados da limpeza, para que pudéssemos continuar nosso trabalho junto a vocês.

Ficamos na certeza do trabalho bem executado, da dignidade, da disciplina, do trabalho feito com amor, do despertar das almas pela *sensibilização através da música. Que as notas do ambiente permeiem as paredes, alimentem a alma; que cada ser que aqui entre, seja banhado pelas notas benditas da música. Que seja harmonizado e estabilizado.*

Com a alegria da música, fiquem em paz!"

Ouvido o recado, perguntei:

— Denis, o que o toca mais nessa fala? — ele foi o médium que havia "incorporado" e transmitido a mensagem.

— Ficou mais acentuado em mim, que *"cada um tem seu ofício de alma".*

— Por quê?

— Tenho filhos adolescentes, que estão buscando suas carreiras profissionais, e me ocorre agora, que quando conversei com eles, minha fala de orientação indicou que seguissem meu caminho (do comércio), pois poderiam partir de onde eu estou, porque um dia, mais cedo ou mais tarde, a empresa será deles. Confesso que não lembrei nem um pouco, dessa questão de "ofício de alma". Mas agora, revendo, olhando para trás, observo que nem eu, nem meus irmãos fomos para a clínica dentária bem montada de papai.

— Mais alguma observação, Denis? — perguntei.

— *"Vaidade é coisa da infância do espírito".*

— O que você entende por vaidade, querido?

— Entendo vaidade como uma pretensão, um parecer ser, uma aparência, uma fachada. Por exemplo: Quero aparentar ser um profissional responsável, se, na verdade, sou ou não sou, não interessa, e sim a imagem que passo.

— Vamos aproveitar essa ideia e pensar um pouco na vaidade mediúnica, no "parecer ser" adotado por alguns médiuns.

— Como? — perguntou Rebel.

— Muito tenho ouvido, ao longo desses mais de quarenta anos, nesta área de estudo: "Quero ser médium para ajudar os outros". Agora, quero que você pense, isso se dá:

- Pelo real prazer de prestar ajuda?
- Para ser reconhecida como uma pessoa diferente no meio em que vive? Isso é: a mediunidade é usada para me ajudar, ajudar outros, ou para lustrar o ego?

Quero que vocês saibam que isso não é uma condenação, é uma constatação. Não quer dizer que todo médium tenha essa postura, mas isso existe, tanto quanto aquela pessoa que não vai aprender a cuidar de sua mediunidade, porque tem vergonha de se expor, porque todo mundo vai achar que é "louca" — o que também é um outro aspecto da vaidade.

Vaidoso também é o envergonhado; o tímido, porque está sempre preocupado com aquilo que o outro vai dizer dele; é o perfeccionista que não se permite errar nem mesmo naquilo que desconhece... A vaidade é como o camaleão: assume muitas formas.

Naturalmente os demais foram se envolvendo e Juliana se colocou:

— A pessoa vaidosa está sempre preocupada com o que o mundo vai pensar dela e nunca ocupada em conhecer-se, em ajudar-se, ocupando-se do próprio crescimento.

— Mas a vaidade acaba facilmente, quando tenho um ato de aceitação: eu me aceito como sou, trazendo para fora o que existe em mim — contrapus.

— Mas é preciso uma bruta coragem pra isso — falou Alcli.

— Nossa humildade começa quando aceitamos quem somos, do jeitinho que somos; aí, sobre uma base de verdade, solidificamos um jeito autêntico de ser.

A vaidade pode ser a busca do sucesso exterior, naquele processo que os outros aplaudem, mesmo que para isso eu passe por cima de mim e de meus valores, esquecendo que aquela pessoa que habita meu íntimo precisa de sucesso verdadeiro, que é realização de suas necessidades,vindas da essência, do espírito, da alma e que precisa de meu consentimento, de minha força de realização e de minha colaboração para acontecer.

Quando pensamos só no sucesso exterior, a vida nos escraviza. Indagar-se é necessário:

Quero fazer porque gosto?
Quero fazer porque me realiza?
Quero fazer porque recebo aplauso do outro?
Quero fazer porque estou muito preocupado com minha imagem social?

O vaidoso tem que parecer ser bonzinho.
O vaidoso tem que parecer ser educado.
O vaidoso tem que parecer ser esperto.
O vaidoso tem que parecer ser legal.

O uso da expressão "tem que" indica a perda da espontaneidade, fica-se contra o que é verdadeiro e a favor do que é artificial.

— Minha referência, disse Renata, é aquela parte que diz: *"pedimos aqui o concurso de amigos encarregados da limpeza, para que pudéssemos continuar nosso trabalho junto a vocês"*. Por que o espírito comunicante fez esse comentário?

— Certamente porque nossa energia é mais densa que a dele, talvez a nossa energia de vaidade, ou outra característica qualquer que dificulte o contato. Imagine que o "doutor cirurgião" tenha de afastar nossas camadas externas para chegar ao estômago ou coração. Da mesma forma, o amigo espiritual remove as energias mais densas para que possa atuar. Se não formos capazes de estabelecer uma mesma frequência, o contato não ocorre. Por vezes, o amigo espiritual que é capaz de fazer o contato, não é o mesmo que detém o conhecimento, então se vale de um "intérprete": o cientista espiritual fala para o meu mentor, que fala para mim. Pois a minha frequência não alcança a do cientista diretamente, então precisa de uma "estação retransmissora". Sempre nos trabalhos programados de uma sessão mediúnica, há uma equipe do lado espiritual prestando assistência.

— Algum motivo especial para a referência a Vivaldi e Strauss? — quis saber dona Clara.

— Considere a preferência da entidade que se expressou sobre o tipo de trabalho que estamos executando, da mesma forma que escolhemos, quando embalamos nossos pimpolhos com cantigas de ninar. Uma característica musical para cada ocasião, lembrando que cada mãe canta sua canção favorita para seu bebê.

— Ficou uma frase meio solta: *"Sorrisos são flores"* — lembrou dona Antônia.

— Então vamos tentar encaixá-la. Há um princípio chamado sincronicidade, ou seja, um fenômeno no qual um evento do mundo externo coincide, significativamente, com um evento psíquico – o que nos leva a crer que não há nada desencaixado, mesmo que assim nos pareça num primeiro momento. Qual é a sensação que as flores provocam na senhora? — arrematei.

— Ah! Uma sensação boa, sempre é legal ganhar flores, elas são bonitas.

— Alegram o ambiente, emprestando cores e formas harmoniosas, são o órgão multiplicador do vegetal e estamos, felizmente, com alegria, multiplicando nossos conhecimentos. A flor, por si só, fala da renovação e, de alguma forma, estamos nos renovando, ao renovarmos nossos conceitos, ao renovarmos nosso olhar sobre nosso universo interior.

— Aparecida, eu ouvi apenas a gravação, porque na hora da experiência do transe, eu "sumi" e só voltei ao final dele — declarou um dos alunos.

— Numa outra oportunidade, tente não "sumir". E da gravação, o que você destaca?

— *"Continuar o treinamento prático"* ; talvez pelo fato de ter me ausentado...

— Pode ser.

Cada qual foi se colocando, dizendo o que era significativo para si daquela experiência. Era muito clara a fala do amigo espiritual: *"Estamos chegando a uma outra etapa do curso, em que cada um vai se reavaliar..."* De fato, cada participante aprenderia a esquadrinhar o próprio transe. Estávamos entrando numa fase do disparo da consciência, porque há um deslanchar – o que pode durar um ano, uma década ou uma vida. A confiança em si, no processo, na vida, gera uma energia de segurança firmeza e isso ajuda o disparo em muita gente, porque quando o indivíduo vê sua própria firmeza ("não é que dá certo?"), passa a ter mais consideração por si mesmo.

Para dar esse arranco, é preciso ter uma condição energética adequada, o que facilitará o recebimento de ajuda magnética. Não adianta pedir auxílio ao pessoal do outro plano dimensional, se não criarmos canais receptivos.

Sei que o grupo teve a mobilização do recurso mediúnico, mas por outro lado, existe toda uma instabilidade energética que leva um tempo para se firmar, como tudo na vida. Mesmo quando estamos conscientes dessa captação (e poucos percebem), demoramos um tempo para mudar o padrão, porque temos condicionamentos emocionais que carecem de reeducação, e o débito emocional não se dissipa assim, tão rapidamente.

Quando mudamos nossa forma de pensar, iniciamos uma série de modificações em nosso universo interior; ninguém fica estagnado num lugar, eternamente. A vida segue o comando de nossas ideias. Aprendamos a trabalhar com elas, ninguém escapa do processo evolutivo.

Desde muito tempo, as flores simbolizam sentimentos (sorrisos também), estão sempre sobre os altares e são ofertadas em sinal de amizade. A flor de lótus, no Oriente, é símbolo da expansão espiritual. A flor é um dos símbolos do *self*.

— Que é *self*? — participou dona Antônia?
— Um lugar primordial, um ponto de origem, um centro regulador da psique que abarca tanto o consciente quanto o inconsciente; é o centro dessa totalidade.

— Ficou difícil... não entendi bem; lá dentro de minha cabeça ficou assim: *self* é Deus. Está certo?

— Está! Pense assim: "Deus Interior". Não é um deus sentado num trono do céu, é um Deus aqui dentro de mim.

Eu sabia que havia mais a ser dito acerca do tema "*self*", mas já havia outra pergunta no ar. Eros pedia espaço:

— Nosso tempo está quase acabando e você ainda não perguntou nada sobre o tema que pesquisamos na semana passada.

Era a cobrança do aluno estudioso. Estiquei o olhar e vi uma apostila em que se lia o título: "As quatro funções psicológicas" (Jung).

É de meu costume, de "tia pedagógica", valorizar sempre o estudo do aluno. Distribuímos o material e nos dedicamos a estudá-lo. Em síntese, o material que ele trouxe dizia:

As funções psicológicas são meios utilizados pela psique, no trabalho de adaptação da vida interior e exterior. Jung as apresentou como:

- sensação;

- pensamento;

- sentimento e

- intuição.

As funções são uma espécie de pontos cardeais da consciência.

Sensação

A sensação estabelece o que é primordial, é uma percepção que se dá por meio dos órgãos dos sentidos. Você vê, ouve, sente cheiro ou calor. Olhando para a mediunidade, percebemos que as visões, ruídos, cheiros e contatos chegam ao médium, através do sistema nervoso. É a sensação que diz que algo existe.

Pensamento

O pensamento consiste em associar ideias, uma a outra, para chegar a um conceito, ou à solução de um problema. Trata-se de uma função intelectual, que procura compreender, classificar ou organizar as coisas. É o pensamento que possibilita reconhecer o significado das coisas, podendo ser dirigido ou espontâneo.

Olhando para a mediunidade, aprenderemos a pesquisar, estudar, comparar, classificar, a entender nosso próprio processo.

Sentimento

O sentimento tem a ver com a expressão do valor que damos à aquilo que percebemos. Quando dizemos que não gostamos de um livro, ou que gostamos de determinada fita, atribuímos um valor pessoal àquilo que percebemos. O sentimento, portanto, é uma função avaliadora que aceita ou rejeita uma ideia, tomando como base o sentimento agradável ou desagradável que tal ideia suscita. Trata-se de um julgamento de valor subjetivo.

Ao observamos a mediunidade, percebemos que as vivências mediúnicas, quando bem aproveitadas, servem para ampliar a sensibilidade, com vistas ao desenvolvimento do ser.

Intuição

A intuição, da mesma forma que a sensação, é uma experiência dada imediatamente e não produzida como resultado do pensamento ou do sentimento. Ela não exige nenhum julgamento. A intuição difere da sensação, porque a pessoa que tem uma intuição não sabe de onde ela vem, nem como se origina . Ela surge do nada. É uma forma de percepção que chega a nós, diretamente do inconsciente, e seu método de operação também não está dentro de nosso controle consciente.

> A sensação diz que algo existe.
> O pensamento revela o que é esse algo.
> O sentimento nos mostra seu valor, se é agradável ou desagradável.
> A intuição indica-nos suas possibilidades.

O tempo estava acabando. Então avisei nosso pessoal que, durante os próximos encontros, estudaríamos um pouco mais nossos próprios transes, para que conhecêssemos melhor essa nossa dimensão.

Espaço para compreensão do transe

Conforme o roteiro proposto, a primeira parte de nosso encontro foi dedicado ao contato mediúnico com os amigos espirituais. Em ambiente sereno, preparamo-nos para o transe, mas quero lembrar que esse preparo não era apenas aquele ritual, envolvendo música e relaxamento, que antecede a chegada dos amigos espirituais — era bem mais. Era uma atitude continuada que fortalecia a firmeza no bem que já podíamos executar, num comprometimento diário conosco.

Não adianta "ferver o tacho do inferno" durante a semana, fazendo críticas, maledicências, voltando a atenção para comentários desairosos e, depois na sexta-feira, das 20h00 às 22h00, pousar de santo e pedir ajuda.

Chegado o momento da comunicação, Carlos deixou que o amigo espiritual se manifestasse pela psicofonia (fala). Era o mesmo tom de voz, mas havia uma brejeirice no falar, lembrando a pronúncia interiorana.

A sensação que me chegava – eu não tenho vidência – é que estávamos diante de um preto velho simpático, alegre, que quando chega traz consigo a energia do bem querer. E, sem muita delonga, ele disse:

— *"Faz tempo que ando por aqui, esperando que esse menino* (referindo-se ao médium) *permitisse minha comunicação. Estou muito contente.*

Não pensem que só porque sou um espírito, eu sei tudo. Não sei! Do lado de cá, a gente também estuda e exercita para aprender; há treinamentos e especializações, como vocês fazem nos estudos terrenos. Temos nós todos, vocês daí e nós de cá, muita ajuda... ninguém está sozinho...

Neste momento aqui mesmo, há uma grande mobilização... é bonito de se ver... os de cá, jogando energia em vocês...

Quando acabar o trabalho aqui, vamos para outra atividade. Na hora do meu descanso, dou um dedo de prosa com meus amigos aqui; o resto do tempo eu trabalho e estudo, principalmente o intercâmbio de energia, porque para fazermos o trabalho de auxílio, de limpeza, é preciso treino. Não basta apenas querer ajudar, é preciso ter conhecimento. Eu pedi uma reciclagem, que é como vocês chamam aí.

Eu estudo e trabalho nas câmaras de recuperação... já perdi vaidades...

Os superiores daqui dizem que sou pau para toda obra. Quando trabalho nas câmaras de recuperação "bravas", onde o pessoal que chegou daí da crosta, ainda está dormindo, não vou gargalhar nas orelhas do coitado, mas oriento... Vou lá e passo a mão nele... Fico feliz! Porque mesmo ele estando ainda, nesse estado vegetativo, sentirá a alegria do amor, sentirá a esperança que tenho, de que terá dias melhores.

Aqui buscamos trabalhar com amor e alegria; já vi coisas muito bonitas, mesmo numa pessoa no estado de suspensão, que é a denominação usada aqui. Temos câmaras muito grandes, climatizadas, semelhantes às da Terra, para espírito fujão, ou para os que creem que, quando morrem, tudo acaba, que não sabem nada sobre a vida eterna. Ficam ali, até a hora que voltam a ser donos da própria capacidade de discernimento e escolha.

Enquanto não podem, o universo cuida... Eu faço parte do pessoal da higienização, vou lá e limpo a sujeira da pessoa; mas se eu fizer rindo "é muito mais mió". Eu falo para o pessoal: vamos fazer o trabalho rindo. Vamos sorrir. Trabalhamos brincando, a hora passa e você não vê, o serviço rende.

Natália, a nossa orientadora, me disse: "Depois que você entrou aqui, o serviço está rendendo mais".

É que nós agimos com aqueles que dormem, como se eles estivessem acordados: a gente cumprimenta, conversa com eles, diz que estão bonitos, penteia seus cabelos... A alegria tem que estar presente sempre, alegria é uma beleza porque tudo sorri pra você quando você está alegre, é uma opção... faz parte do arbítrio da gente. Alegria é a gente olhar o lado bom das coisas.

Adianta eu olhar aquilo que eles exalam como sujeira? Não é sujeira. As pessoas estão fazendo o que podem, nós que trabalhamos na limpeza aprendemos, e tem gente querendo trabalhar comigo.

Tem alguns que acordam mais tranquilinhos. O que a gente pode fazer a gente faz, o que não pode... não faz.

Visito e aprendo em outros departamentos de magnetismo que temos aqui.

Há amigos meus que já foram fazer trabalhos e cursos em planos superiores, eles já têm trânsito mais fácil naqueles sítios.

Tudo é uma questão de atração e repulsão. Você traz coisas pra você, mas também afasta de você quando quiser, é cada um que decide...

Há um escudo energético na África, Ásia e num pedaço da Europa, para não contaminar o resto, e cada um de nós aqui acredita que o solo onde vocês vivem é bendito, cremos que tem magnetismo, capacidade de filtrar o que não serve e despejar noutro canto.

Acreditamos que estamos aqui por merecimento, por uma atração muito grande, que já temos uma certa leveza para conseguirmos viver sobre este solo Muita gente nasce aqui, mas vai embora porque não aguenta viver aqui; gostam de outra energia, de viver oprimido.

O pessoal daqui gosta de tomar sol, café... Mesmo que alguns países estejam em luta, não alimente a ideia de guerra, falem das plantas... do seu trabalho... da sua pesquisa... não queiram saber disso (guerra), porque falar é fazer sintonia... Falem da árvore que é bonita... Quando vocês falam da beleza, se ligam a um astral bonito, se recarregam e, de sobra, espalham uma energia boa ao seu redor...

Cada um que faça o seu melhor. Cada um que fique de seu jeito, que é como é... que é uma coisa linda, natural.

Do melhor que já está disponível... você pega a hora que quiser.

"Tem coisa ruim?" Tem!
Você tem que se sujar? Não!
Você tem que limpar a sujeira como nós fazemos aqui.

Fique cada um, com uma energia que geramos aqui, de muita paz, alegria e de muita concórdia, que cada um anime o peito. Tire os pensamentos ruins.

O bem sempre será bem. Bem é bom! Bem é uma coisa boa. Vá contagiando com o bem, levando ideias boas, dê um sorriso... você vai fazendo uma imunidade, como uma vacina, você vai fazendo uma imunidade contra o mal.

Leve bom humor onde for, faça uma resistência no bem; você fica forte nessa alegria, nesse bem, e pronto.

Pra que entrar na ilusão, no orgulho, na aparência do mundo externo? Quando você está no bem, você está com você; o resto é ilusão, uma criação que você pode desfazer.

Vocês podem criar uma couraça energética de imunidade se protegendo contra coisas ruins, assim quando elas chegam, encontram os anticorpos da alegria. Com jatos de amor, vocês vão contaminando também os outros e assim vai.

Fiquem na sua verdade, fiquem no seu bem e levem o bem também.

Levem a semente do Bem, da Alegria, da Leveza.
Fiquem light... hoje é dia da lição de leveza.
Fiquem em paz.
Fiquem na luz."

Terminado o momento dedicado às manifestações, dedicamo-nos ao estudo daquilo que nos foi dito. Como de praxe, sempre iniciando com as sensações e impressões do médium, que foi o agente de transmissão.

— Carlos, como ocorreu o transe em você?

— Eu fui sentindo uma envolvência no campo áurico, soltando-me, porque já sabia que era o Luciano (o mentor). Eu sei quando é ele pelo tipo de sensação que acontece, já é familiar.

Gosto de observar a expressão de meus alunos, o ar de admiração ou de incredulidade. Quem nunca passou pela experiência do transe, o que pensa quando ouve: "Sinto uma envolvência no campo áurico".

A sensação é pessoal, não dá para transferir para os outro. Quando muito, pode ser compreendida como cada um possa entender o que significa: "sentir uma envolvência":

- Sinto-me envolvido por um olhar?
- Sinto-me envolvido por um discurso?
- Sinto-me envolvido por uma ideia?

Carlos falava de uma envolvência magnética, mas quem nunca viveu a experiência não entende. É mais ou menos como descrever um parto – quem nunca viveu escuta a narrativa, mas a sensação é só de quem viveu a experiência. . Daí, não apenas a necessidade de estudar o tema "sensação", mas passar pela própria experiência.

Carlos continuou explicando:

— Agora eu tenho mais confiança e deixo a fala acontecer, sei o que está sendo dito; antes eu tinha a sensação da presença, mas não deixava a entidade se expressar.

Lembrei de dizer a todos, que cada médium tem suas características e que precisam ser reconhecidas para serem gerenciadas, cada um é do seu jeito. O encontro com o mentor é único, como todos os demais encontros na vida. Agimos com nosso pai de uma forma, com nosso irmão de outro jeito, e assim sucessivamente. Pense no mentor, como uma pessoa sem corpo físico, mas dono de um psiquismo como o nosso, que segue as mesmas normas de aprendizagem e desenvolvimento. É bom que não haja endeusamento; pense nele como uma pessoa que o respeita.

— Você tem conhecimento do que falou durante o transe? — questionou Alcli.

— Tenho sim — embora essa tenha sido a resposta, convém lembrar que não é assim para todos os médiuns.

— Quando terminou o transe, qual foi a sensação? — dessa vez a pergunta era minha.

— Foi de bem-estar físico e mental.

— Com relação ao conteúdo da fala, o que foi percebido como mais importante? — a ideia era explorar o conteúdo do transe.

— A noção de continuidade do trabalho, do estudo, do treinamento e, principalmente, o tom de simplicidade do espírito comunicante.

A acompanhante de Carlos, a Renata, ouvia atentamente. Dirigi-me a ela:

— Em que o tema chamou sua atenção?

— Não só o tema, mas toda a situação, é muito estranha. Ele — referindo-se a Carlos — falou como se fosse outra pessoa, como se tivesse uma outra personalidade. Confesso que estou um tanto assustada. A gente pensa que "essas coisas" acontecem só com os outros, mas nunca com o próprio namorado...

Eu entendi que Renata precisava de tempo para assimilar o acontecido, cada pessoa tem um tempo próprio para digerir tais fatos. Ocupei-me de levantar a opinião de cada integrante.

Juliana grifou a ideia: "não basta apenas querer ajudar, é preciso ter conhecimento, e o espírito comunicante tinha a experiência do "fazer com alegria".

De fato, tudo aquilo que fazemos com prazer fazemos melhor. Cansamos menos e ainda nutrimos nossa confiança e nossa estima. É uma troca, oferecemos nossa atividade e nos revigoramos pelo prazer e pela satisfação atingida. As pessoas que já descobriram o prazer de doar, de fazer bem feito, sabem do que estou falando. Os líderes excepcionais, ao longo da história, foram movimentados exatamente pelo prazer da execução, que teve origem na própria alma. Beethoven quando compôs a *Nona Sinfonia* estava motivado por quem ou por quê? Certamente não era pela taxa do euro, mas motivado pela própria alma, ele amava a música. Van Gogh, em suas telas, pintava o que sua alma percebia. Sabin, em suas pesquisas laboratoriais, que redundaram na vacina que livra nossas crianças da paralisia, foi nutrido pelo prazer da realização que beneficia. Por trás de cada um desses processos, há uma força motivadora a promover uma realização.

Fui à lousa e sintetizei o meu pensar:

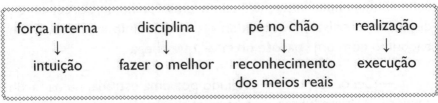

Comprometimento com o próprio processo mediúnico.

Um processo é:

- uma ação contínua;
- um segmento;
- uma sucessão de fatos intermediários;
- um andamento – uma marcha na direção de uma outra dimensão de si mesmo.

Para que eu possa reconhecer a dimensão da mediunidade no outro, é preciso antes que a conheça em mim, é preciso ter um nível de sensibilidade um pouco mais apurado; a Psicologia Analítica nos aponta a intuição como uma espécie de conhecimento irracional.

— Aparecida, o que é intuição?

Gosto de vasculhar a etimologia das palavras – intuição vem do latim *intuitio* onis:

- imagem refletida no espelho;
- contemplação;
- conhecimento imediato;
- pressentimento que traz uma informação do que é, ou do que deve ser;
- olhar atento;
- observação,
- consideração.

— Entendo "intuição" como uma forma de perceber, de discernir as coisas, independente do raciocínio analítico. É um encontro com um "pacote pronto" que chega.

— Certa vez, estava dirigindo por uma estrada, numa tarde chuvosa, — disse Juliana — e havia apenas dois carros na pista. O que ia à frente e o meu. Sempre mantenho distância considerável, não dirijo colada. Ainda assim, era forte a notificação que surgia no horizonte mental: "Tire o pé do acelerador..." Não entendia porque deveria reduzir ainda mais a velocidade, mas não questionei. Apenas tirei o pé do acelerador e deixei a distância entre os dois carros aumentar. Mais uns poucos segundos, e o carro que ia à frente rodopiou na pista molhada. Tive o tempo necessário para desviar com segurança.

Chamo isso de intuição: uma faculdade natural, um conhecimento que vem à mente do indivíduo, sem que ninguém tenha dito nada. As implicações dessas experiências são importantes para os intuitivos. As pessoas fortemente intuitivas dão um significado às suas percepções de forma imediata. Atuam numa outra forma de conexão, de inteligência imediata não dedutiva.

- Kant falou de um conhecimento imediato, oferecido pela sensibilidade.

- Bérgson falou de um conhecimento metafísico, capaz de apreender a essência atemporal e fluida da realidade.

- A Teologia fala que os bem-aventurados possuem um encontro direto com a Verdade (Deus).

- A "voz muda" segreda que tal conhecimento se dá, graças às nossas múltiplas experiências anteriores que ficam à disposição, por meio de um processo mental espontâneo, sem que haja necessidade de alguém transmitir algo. Esse conhecimento pertence ao nosso universo subjetivo.

— Como desenvolvê-la? — indagou dona Antônia.

— O refinamento de nossa sensibilidade leva-nos à intuição.

- Não há um grande livro.
- Não há um grande curso.
- Não há um ritual.
- Não há uma confluência astral.

Há o treinamento constante e a apuração de nossa forma de sentir. Mais uma vez, somos o nosso próprio laboratório. Quando transferimos o centro de nossa consciência para as camadas mais profundas de nosso ser, vamos adquirindo percepções igualmente mais profundas.

— Aparecida, mas nem todo mundo tem intuição — advertiu Alcli.

— Seria melhor dizer que nem todo mundo desenvolveu a intuição; assim como nem todas as pessoas aprenderam a ler, o que não quer dizer que não venham a fazê-lo. Muitas vezes, aquilo que chamamos de sonho são vivências num outro nível de realidade; adquirimos conhecimentos ou revemos situações pretéritas que fazem parte de nosso momento evolutivo, mas não guardamos a lembrança integral delas, pois, o cérebro físico não comporta tais impressões elaboradas noutro estado de consciência. Esses conhecimentos ficam em "gestação psicológica". A intuição vem dessas paragens e chega à consciência tal qual a flauta de Pan, tocando a canção mágica da retransmissão do universo inconsciente do ser, trazendo as sugestões necessárias ao momento, como um perfume suave que pode ser aceito ou rejeitado.

Muitas vezes, no entender apenas intelectual, surge um obediente e preconceituoso raciocínio que nos afasta de um sentimento renovador, turvando a nascente límpida da intuição. Mas, com nosso despertar, vamos ganhando novas percepções acerca de nosso universo interno.

Quando pequeninos, nossas descobertas estavam atreladas ao mundo físico que nos circundava e buscávamos tocar tudo. Na idade escolar, o mundo das letras se descortinava e o intelecto surgia como um deus – o "decifro o código dos letrados". Isso foi uma importante inclusão em nossa vida.

Na adolescência, fomos descobrir o mundo da sexualidade e todo o cortejo que a segue: impulsos, aproximações e conflitos.

E quando os problemas surgiram, ficamos exasperados e culpamos o outro.

Na idade adulta, a maioria continua ainda culpando o outro, o governo, o chefe, o cônjuge, a sociedade... Essa relação de dependência permanece e a humanidade prossegue aguardando as soluções do mundo. Apenas uma pequena parcela vislumbra alguma coisa nas proximidades da autorresponsabilidade, o que já é meritório, mas fica na indagação:

- Por que acontecem coisas erradas comigo?
- Por que as coisas não dão certo para mim?

São questionamentos de quem ainda não desenvolveu as habilidades necessárias, para depois poder ser responsável pelo uso dessas habilidades.

A jornada da consciência não para, se dá do início até o final da vida; então já no entardecer da existência, depois dos quarenta, habitualmente há um questionamento profundo, que pode resultar numa inversão de valores, conhecida como crise da meia-idade, então pode ser a hora da virada:

- de pensamento;
- de sentimento;
- da expansão espiritual.

Dê uma olhada na idade média de nosso grupo, a maioria beira os quarenta ou já passou disso, eu tenho sessenta e cinco. O entardecer da vida, creio, não é um mero acaso, a natureza deve ter suas razões; o Oriente atribui uma valorização à idade , em nossa cultura o idoso é desvalorizado... Mas quero recordar que, em qualquer idade do cidadão, a consciência não é uma simples espectadora do mundo, mas, participa de sua criação, mesmo quando se omite.

Já tínhamos bastante material para reflexão originado no transe de Carlos – as citações de seu mentor sobre bom humor;

aproveitaria um próximo momento para estabelecer a relação entre bom humor e funcionamento glandular.

Lembrei-me da fala da vovó: "O mundo não foi feito num só dia". Era hora de educar a professora ansiosa que mora em mim.

Despedimo-nos, com a promessa de voltarmos ao conteúdo do transe acontecido por meio da psicofonia.

Crescer tem preço, abandonar-se também

Com toda a turma presente, fomos para a classe. Iniciamos nosso encontro com o gravador ligado e retomamos a fala do amigo espiritual de Carlos, para prosseguimento do estudo sobre o tema:

— *"Faz tempo que ando por aqui, esperando que esse menino* (referindo-se ao médium) *permitisse minha comunicação. Estou muito contente."*

Um mentor, tal como um amigo educado, aguarda o momento que lhe é destinado, não impõe sua presença. Quando há imposição, há um alerta:

- O que ando me impondo?
- O que ando impondo aos outros?
- Como lido com a imposição em minha vida? Quais são as implicações?
- Como tenho lidado com os limites – meus e alheios?
- Quem tenho invadido ?
- Quem tem me invadido?

É trabalho que exige disposição para autorreflexão.

"Não pensem que, só porque sou um espírito, eu sei tudo. Não sei! Do lado de cá, a gente também estuda e exercita para aprender; há treinamento e especialização como vocês fazem nos estudos terrenos." Aqui fica o alerta dado de forma suave: o amigo espiritual que se

aproxima na comunicação não é um ser onisciente e detentor de todo o conhecimento do mundo. Ele se aproxima, comunica o que sabe, o que consegue, o que pode, cabendo à mente recebedora, avaliar, utilizar ou não. O arbítrio, quanto ao uso que se fará do conteúdo obtido no transe, é da consciência do médium. "Aceitar ou não o que chega de uma comunicação mediúnica, sem qualquer avaliação da consciência, é uma temeridade, uma vez que o poder da sugestão mental é dado pelo receptor" – segredou-me a voz muda. Cada um é responsável pelo uso que faz das informações que chegam de qualquer que seja a fonte.

"Temos nós todos, vocês daí e nós de cá, muita ajuda... ninguém está sozinho... neste momento aqui mesmo, há uma grande mobilização... é bonito de se ver... os de cá jogando energia em vocês... "

A Natureza não desampara ninguém, e Pai do Céu, que é um bom gestor, traz situações que estão de acordo com nossa capacidade de atuação e de elaboração. Nos desafios, leio uma oportunidade de superação.

Vovó diria: "Deus dá o frio conforme o cobertor".

"Quando acabar o trabalho aqui, vamos para outra atividade."

Nós também, vida é movimento. Nenhum mentor ficará 24 horas por dia à disposição de alguém.

"Na hora do meu descanso, vou dar um dedo de prosa com meus amigos aqui; o resto do tempo eu trabalho e estudo, principalmente sobre intercâmbio de energia..."

Fica aqui a sugestão de um roteiro: trabalho, estudo, descanso e um dedo de prosa.

Outro trecho: *"...porque para fazermos o trabalho de auxílio, de limpeza, é preciso estarmos preparados."* Todo bom trabalhador carece de treino para um bom desempenho.

"Não basta apenas querer ajudar, é preciso ter conhecimento."

Muita gente vem à clínica, queixando-se:

— Meu trabalho não vinga, e eu faço com a maior dedicação... Aparecida, verdadeiramente eu gosto de fazer o que faço! Por que não dá certo?

— Não basta gostar; é preciso ter competência, excelência... Além disso, as pessoas de seu meio precisam carecer daquilo que você faz. Então o seu trabalho, apesar de ser bem feito, necessita de um público interessado. É sempre bom lembrar que esquimó não precisa de geladeira.

"Eu pedi uma reciclagem, que é como vocês chamam aí. Eu estudo e trabalho nas câmaras de recuperação... já perdi vaidades... os superiores daqui dizem que sou pau para toda obra".

Quando me coloco diante do trabalho, posso tomar uma de duas direções: gosto do que faço ou aprendo a gostar. A segunda opção requer uma dose maior de aperfeiçoamento, de compreensão, de domínio do ato da vontade.

"Quando trabalho nas câmaras de recuperação 'bravas', onde o pessoal que chegou daí da crosta, ainda está dormindo, não vou gargalhar nas orelhas do coitado, mas oriento... Vou lá e passo a mão nele..."

Aqui está o recado da adequação. O amigo espiritual faz com boa vontade o trabalho que lhe foi destinado – o de espalhar as bênçãos que possui. Assim, ele o torna agradável para si e para quem o recebe. Olhe o tamanho dessa conquista! Então repare em "como" você tem executado seu trabalho. Esse "como" é a sua dinâmica e representa sua decisão, sua escolha de como executar aquilo que está sob sua regência.

"Fico feliz! Porque mesmo ele estando ainda, nesse estado vegetativo, sentirá a alegria do amor, sentirá a esperança que tenho, de que terá dias melhores."

Fui remetendo o comentário do amigo espiritual aos componentes do grupo e perguntando o que ele sugeria. As respostas foram chegando:

- O contentamento pelo trabalho.
- A importância de conduzir o próprio pensamento.
- A emissão de energia da alegria e da esperança, mesmo diante do estado vegetativo do outro.
- A possibilidade de captação do receptor, ainda que em estado vegetativo.
- Isso é uma nuance do "somos um".

Cada um, foi dizendo como interpretava a fala do mentor, fomos enriquecendo o transe do Carlos e treinando uma atividade nova: estudar o transe.

Este é o meu trabalho principal dentro da clínica: ensinar a cada um que aqui chega, a "traduzir" o próprio transe para si mesmo, como uma alavanca de desenvolvimento pessoal. Essa é a minha tese para sua observação.

Em bons termos técnicos, vamos amplificando o transe, começando pela gravação e estudo. Num primeiro momento, cuidamos de entender cada trecho, para mais adiante responder:

- O que eu aprendo fazer com o conteúdo do transe?
- O que ele tem a ver comigo, neste momento de minha vida?

Costumo repetir, insistentemente, que o transe é primeiro para o médium.

Como a gravação tinha mais alguns minutos, deixei-a rodar até o final para, em seguida, retomar a fala do grupo. Pedi que cada um escolhesse o trecho mais importante da mensagem. Como era de se esperar, houve divergência na escolha, porque cada um é um. E como tudo na vida, o processo mediúnico também é único, o transe é individual, portanto, deve ser visto pelo prisma particular de entendimento de cada participante.

Tudo o que o orientador faz é exatamente orientar, não é encampar o assunto, ou impor a sua visão ao grupo. A Natureza dotou todos com capacidade de raciocínio e de arbítrio.Transe, gravação, estudo... vai virando um método de trabalho com a própria mediunidade.

Terminada a participação de cada aluno com relação ao material gravado, dedicamo-nos ao preparo de uma nova gravação. Nessa noite, o gravador ficou perto de dona Clara, que, a meu ver, esforçava-se para acompanhar o ritmo dos estudos. Sua fala, durante o transe, foi absolutamente simples:

— "Boa noite a todos; sou M... Agradeço a oportunidade de participação.

Vim para dizer que a verdadeira paz e felicidade estão sempre presentes dentro de nós. Muito obrigada. Um abraço a todos."

Quando fomos estudar o conteúdo, me ocorreu que aquele era um recado simples para dona Clara. Para mim, e para o meu ouvido mais treinado, a mensagem estava nas entrelinhas, muito mais do que nas próprias palavras:

- Fique em paz com o próprio rendimento.
- Não corra desesperadamente atrás daquilo que não foi entendido (às vezes era notório, pelos questionamentos que ela fazia, que havia compreendido pouco do que ali fora explicado).

Também pude perceber e entender, nessa fala, um ensino para mim: "Cada um aprende o que dá, o que pode". Esse era um recado para as minhas expectativas de "tia pedagógica". Reparti com a classe a minha observação.

Outros itens considerados importantes num treinamento foram ressaltados:

- frequência – ela não tinha faltado;
- pontualidade – ela nunca havia chegado atrasada;
- adequação – ela não costumava esquecer o celular ligado;
- atenção – ela demonstrava interesse;
- alegria – ela sempre trazia um sorriso espontâneo, além de vontade, dedicação e esforço.

Já estava mais do que bom! Nesses itens, sem falar uma só palavra, ficava o exemplo, a vivência, a energia no ar para contaminar os outros... E se eu estiver certa, as qualidades dos outros podem contaminá-la também.

Toda a tranquilidade do transe de dona Clara fazia contraste com o de dona Antônia, que falou com tom de voz alterado, num estado de emoção, e bastante perceptível na gravação que foi ouvida:

— *"Não adianta... não sei nem como vim parar aqui... não vou largar dela...* (havia desdém na voz). *Ela se finge de besta, de esquecida... mas eu não me esqueci de nada e não vou deixar barato..."*

Era notório que a entidade comunicante estava abrigada no território da vingança, da agressividade. Em suas frases iniciais, já havia o suficiente para um programa de reeducação emocional.

A primeira barreira a ser transposta pela aluna, dona Antônia, era a incompreensão da sintonia, da sincronicidade:

- Por que tenho um transe que traz a contrariedade, a vingança e a agressividade como conteúdo?
- De alguma forma, de algum modo, faço conexão com esse conteúdo.

Via de regra, quando ocorre um transe dessa natureza, as explicações são:

- Para ajudar a entidade, que é um obsessor ou um sofredor.
- Para limpar a pessoa que está obsediada.

Nunca se pensa que é para alertar o próprio médium, por isso, recordar o tema "projeção" vai muito bem:

- Que situação projeta?
- Como lidamos, em nossa experiência, com os temas: agressividade, vingança, coragem e aceitação?
- São facetas do mesmo dado?
- Em que sou agressiva?
- Com quem?
- Quando?
- Quando me sinto agredida ou invadida?
- Como estabeleço limites em minha vida?
- Como me agrido?
- Como me permito ser invadida?

Foi possível estabelecer ganchos para serem observados naquele momento.

Respeitamos todos os trabalhos de "limpeza", validamos todas as sessões de desobsessão, mas nosso modelo de trabalho segue outra orientação: o da educação emocional e do apoio psicopedagógico.

Se você não educar suas emoções, seus impulsos, continuará sujeito a ataques espirituais. Lembro-me constantemente da fala do amigo espiritual: *"Filho, você não tem obsessor, você tem companheiro!".*

165

Iniciei a minha explicação, observei a reação da aluna e da classe; parecia que todos haviam entendido, depois perguntei:

— Dona Antônia, a senhora gostaria de aprofundar esses questionamentos ou não?

Porque se ela não desejasse fazê-lo, – o que eu julgava ser prioridade –, seguiria com a aula num outro rumo. Depois de um instante de hesitação, dona Antônia sinalizou positivamente para prosseguirmos. Pedi-lhe que nos dissesse em que situações na vida, sentia-se invadida, se em casa ou no trabalho, e que nos descrevesse sua rotina.

À medida que dona Antônia ia falando, foi ficando claro seu estilo de vida: de manhã recebia os netinhos em casa, para cuidá-los até a hora de irem à escola, dava-lhes banho, almoço e os levava para as aulas. Eles entravam às treze horas e saíam às dezessete horas, quando deveria buscá-los. Por volta das dezenove horas, os pais (o filho e a nora) vinham apanhá-los. Como estavam já cansados depois de um dia de trabalho, ela lhes oferecia o jantar. Depois do jantar, iam embora para retornar na manhã seguinte.

Como muitas vezes sou rudemente franca e objetiva, não titubeei em perguntar:

— Dona Antônia com a maior honestidade possível, quais são os seus sentimentos quanto a essa situação de cuidar dos netinhos diariamente? — Se essa situação fora relatada em primeiro lugar é porque também havia de ser a primeira em importância.

E aí veio a resposta da aluna:

— Ah! Eles são duas graças.

— Não foi isso que perguntei. Perguntei se a senhora gosta da situação de tomar conta deles.

— Claro que gosto!

— Todos os dias?

— É bom saber que eles são bem cuidados!

— Não foi isso que perguntei. Perguntei se a senhora gosta de tomar conta deles todos os dias. Estamos falando dos seus sentimentos e não da necessidade deles de serem bem cuidados. A senhora cuida deles por obrigação ou por prazer? Prefere amadurecer o assunto e deixar para responder um outro dia?

— Prefiro pensar um pouco.

É preciso ir até onde o cliente suporta. Dona Antônia era mãe, avó... E o adulto tem seus condicionamentos; mas se fosse muito prazeroso tomar conta dos netos a semana toda, ela teria dito com entusiasmo, mas o tom de sua voz revelava cansaço – fato que talvez nem tivesse muito claro para si mesma. Ela fora permitindo, começou a tomar conta dos pequenos, e isso já fazia sete anos.

Ninguém precisa pensar para saber se gosta ou não de algo. Seria preciso um tempo para admitir que não é pecado não gostar de ficar tomando conta de crianças. Ela não sabia que pode gostar muito das crianças, sem precisar, obrigatoriamente, tomá-las a seus cuidados. O contato com a criançada é agradável, o que não quer dizer que tenhamos de fazê-lo todos os dias, anos seguidos.

Dona Antônia não estava habituada a ficar do lado dos próprios sentimentos; nem todos estão, isso é uma situação bastante comum.

Em momento posterior, seria o caso de levantar outras questões:

- Seu trabalho é remunerado?
- Ele é reconhecido?
- Espera algum reconhecimento por parte de quem?

- É agradável deixar os pequenos na escola e voltar para preparar o jantar?
- Quanto é agradável?
- Quem faz as compras de supermercado?
- Quem traz as compras do supermercado?
- Quem paga as compras do supermercado?
- Há coisas que deixa de fazer para si mesma, por conta dessa dedicação?

Olhar para tudo isso tem preço; não olhar também.

Interagir com tudo isso tem preço; deixar de interagir também.

Como dona Antônia olhava para o que fazia?
O que sentia?
Como administrava o próprio sentir?
Via a situação com alegria ou com obrigatoriedade?
Tinha alguma mágoa guardada?

Eram questões peculiares ao universo dela, que não adentraríamos se não permitisse. Parecia-me já haver invasão suficiente. Era necessário aguardar o tempo, o tempo dela...

Essas questões podem parecer algo sem importância, mas é necessário lembrar que esse é o universo existencial dela, e que tudo é relativo. Se ela não sabia colocar limites para os encarnados, também não seria capaz de colocá-los aos desencarnados. Era o velho "conhece-te a ti mesmo", tão velho quanto a vaidade de ser uma "boa avó", uma "boa sogra", uma "boa mãe".

Na prática, o material do transe trouxe à tona a questão dos valores – como trabalho com os meus valores?

O fato de excluir da consciência a vontade de dedicar-se a si mesma há que ser considerado. A exclusão é apenas aparente, porém, em termos energéticos, continua a existir. Quando não queremos ver o que existe em nosso universo, mesmo quando já temos maturidade suficiente para fazê-lo, a natureza traz bem grande para que possamos enxergar.

Situações, transes ou imagens corriqueiras podem nos levar a um contato com os nossos "guardados". Pontos sensíveis de nosso psiquismo, que ficam como órgãos feridos, reagem aos estímulos externos físicos ou extrafísicos. Faz parte do treino mediúnico na clínica, olharmos com atenção as situações às quais somos levados, por algum tipo de afeto (lembrando que "afeto" é coisa que afeta, seja de modo agradável ou desagradável).

Sempre que uma emoção vem à tona, não é pra ser sufocada, mas reconhecida. Enquanto ela estiver atrás das cortinas, escondida, ficaremos sob sua regência, sujeitos a reações; não olhar para nossa energia é permitir que ela nos invada, que entre pela porta do fundo, exatamente porque não queremos olhá-la de frente. Mas ela vem, nem que seja simbolicamente, no conteúdo do transe. Porque seu propósito é o de nos revelar o que menos gostaríamos de ver em nós mesmos: nossa sombra. E não é muito difícil perceber o conteúdo de nosso território sombrio.

Quando alguém fala algo, que nossa sombra abriga, ficamos:

- raivosos;
- envergonhados
- ou com medo.

Experimentamos algo próximo a uma tempestade emocional, que se volta contra nós mesmos, ou contra quem trouxe à tona nosso lado sombrio.

Quando vai chegando nessa etapa, muitos abandonam o laboratório é mais sossegado deixar as coisas no pé que estão, para não precisar vasculhar os meandros da alma; muitas vezes, a reação dos clientes é a fuga do confronto, ou uma pausa para tomar fôlego.

Uma vez uma aluna bonita, culta e inteligente mandou-me uma braçada de flores com um bilhete muito amável:

"Aparecida,

aceite meus sinceros agradecimentos. Cheguei até onde deu.

Beijos

Selma"

Outras pessoas me dizem: o que isso tem a ver com mediunidade?

Costumo levar com bom humor, compreendendo que uma banana verde leva um tempo para amadurecer... Na natureza, tudo leva um tempo, inclusive o amadurecimento das pessoas; ninguém amadurece apenas porque o professor falou.

Quando tocamos no ponto nevrálgico do processo obsessivo, esbarramos na intolerância, na ignorância, no preconceito, nas mágoas guardadas, nos desejos de vingança... E para que esse pacote de tralha não seja vasculhado, o cliente se confunde, esquece de olhar para isso, adia... São os famosos mecanismos de defesa que também não são pecados, nem feios, nem condenáveis. São o que são – mecanismos de defesa do ego. Porém se eu fechar a janela o tempo todo, não entra poeira, mas também não entra sol.

Se eu conhecer apenas meus pontos fortes, os meus pontos fracos terão grande chance de êxito, quando surgirem no cenário, porque simplesmente não sei lidar com eles.

Reunião para discussão

Seguíamos a rotina do encontro semanal para estudo do conteúdo do transe. Aqueles que eram médiuns psicofônicos tinham o transe gravado, os que psicografavam tinham o texto escrito, os que desenhavam tinham as imagens registradas no papel, que também nos chegavam às mãos. Mas o transe de dona Antônia não se encaixava em nenhum dos perfis, ela continuava ouvindo vozes que sugeriam atitudes agressivas e ouvindo palavrões dirigidos a ela.

Uma vez, a cada três meses, fazíamos uma reunião não mediúnica, destinada a colocarmos:

- nossas sugestões;
- nossas dúvidas;
- questões que não estavam suficientemente claras.

Assim estabelecíamos, se necessário fosse, novo andamento aos encontros.Era uma espécie de avaliação conjunta, um painel, um fórum. Numa oportunidade dessa, dona Antônia manifestou-se:

— Nesses três meses que estamos juntos, aprendi um monte de coisas sobre a mediunidade de outros alunos, mas eu continuo ouvindo as vozes. Elas me importunam, me xingam. E tudo o que eu queria era não ouvi-las mais. Eu esperava que no laboratório de mediunidade deixasse de ouvi-las, mas não fui ajudada nesse sentido.

O tom de queixa era evidente, uma certa rispidez, também no olhar, tornava clara a cobrança do benefício buscado. Não prometo nunca o aparecimento de fenômenos mediúnicos, nem a eliminação de sintomas. Ofereço apoio psicopedagógico, quer o aluno aceite ou não. Como em qualquer curso, enquanto professora, levo:

- respeito;
- exemplificação;
- estímulo;
- informações;
- exercícios a serem executados;
- acompanhamento personalizado.

Mas também como em qualquer outro curso, o empenho, o compromisso na prática e a aplicação da aprendizagem pertencem ao aluno. Contudo, nem todos compreendem a necessidade do próprio processo de conscientização.

Como a discussão é aberta, Clara sugeriu:

— Quem sabe uns banhos de erva, tenho um livro que ensina alguns banhos.

— Respeito — disse eu — todas as sugestões, experimentar o banho é uma possibilidade, mas aqui não é uma casa de banhos, e eu não tenho experiência com o uso de ervas. Só posso falar do que conheço. Com relação aos vários tipos de ajuda, como: banho de ervas, passe, *reiki*, benzimento... tudo é muito bem-vindo, mas não é a cura, não é a questão básica geradora.

Aqui cuidamos do comportamento e das crenças que não se ajustam mais, ao momento de crescimento da pessoa. Voltar a atenção para o agente externo, na busca da cura, é uma opção, mas não creio que seja a solução. Abandonar a proposta da educação emocional é abandonar a alavanca do ser.

— Esse negócio de ver e ouvir — era a voz de Rebel — coisas que ninguém vê ou ouve, eu sempre soube que era alucinação, coisa de gente desequilibrada.

— Que é uma alucinação, Rebel?

— É isto que acontece aqui, é uma falsa percepção, uma falsa sensação; não é real.

— E o que é real?

— É aquilo que meus órgãos dos sentidos captam.

— É pouco! Seus órgãos dos sentidos não captam a presença do vírus; do átomo e dos sons, além da faixa audível. Seus órgãos dos sentidos não captam as luzes antes do (infra)vermelho ou depois do (ultra)violeta. Há mais no universo, do que seus olhos podem captar. Esta é a faixa de luz visível — fui para o projetor e mostrei a imagem.

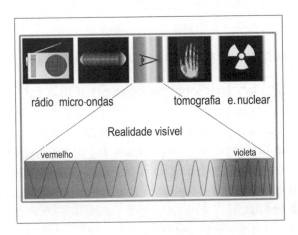

— Ah! Aparecida, não é a coisa mais normal que existe, no meio de uma reunião, alguém dizer: "...*não sei como vim parar aqui... não vou largar dela... ela se finge de besta...*" — era dona Antônia, falando como se fosse outra pessoa.

— Era outra pessoa!

— Você acredita mesmo nisso?

— Acredito.

— Então tem mais de uma desequilibrada na sala...

Sem perder o tom de voz e o domínio das emoções, sorri suavemente e concordei:

— Tem sim!

Rebel continuou:

— Essa história de mediunidade, de alucinação é doença.

— Sabe moça, eu gosto de estudar e como já tenho mais de quarenta anos de pesquisa na área, tempo que muitos alunos não têm, nem na idade, vou aproveitar a oportunidade para esclarecer. Diga-me, você já teve oportunidade de ler o código internacional de doenças?

— Não!

— Pois é querida, muita gente fala do que não conhece.

O código internacional de doenças (CID) foi estabelecido para que todos os envolvidos com enfermidades falassem dos mesmos sintomas, das mesmas características de uma doença, numa mesma linguagem, em qualquer lugar do planeta – daí ser um código internacional. Então o pessoal da medicina se reuniu e elaborou o código, que já está na 10ª versão – CID 10, e no item F44.3 temos:

F44.3 — Estados de transe e de possessão

Transtornos caracterizados por uma perda transitória da consciência de sua própria identidade, associada a uma conservação perfeita da consciência do meio ambiente.
Devem aqui ser incluídos somente os estados de transe involuntários e não desejados, excluídos aqueles de situações admitidas no contexto cultural ou religioso do sujeito.

Olhei a expressão dos alunos. Era de admiração; a reunião saíra dos parâmetros habituais de música suave, prece e relaxamento para outras águas. Retomei a fala:

— As palavras "transe" e "possessão" entraram para o universo científico, o que para quem espera o aval da ciência, para estudar a coisa, tem seu valor; quanto a mim, creio que a ciência é feita de consciência.

- Não preciso do aval de ninguém para estudar.
- Não preciso do aval de ninguém para pesquisar.
- Não preciso do aval de ninguém para refletir sobre aquilo que é de meu interesse, há muitas fontes de saber, mas vamos à compreensão do código:

> Estado de transe e de possessão: "... transtornos caracterizados por uma perda transitória da consciência de sua própria identidade..."

Quando há uma incorporação ou psicofonia, ocorre exatamente o descrito. Quem fala, ou seja, a consciência que se expressa não é a da própria pessoa, é da entidade comunicante – daí o código falar em "perda transitória de sua própria identidade".

E continua o código:

> "... associada a uma conservação perfeita da consciência do meio ambiente"

("... *não sei nem como vim parar aqui*..."). A entidade habitualmente sabe quem é, e identifica o lugar onde está.

Na sequência do código, ainda fica claro, que será considerado doença, o transe involuntário e não desejado. Então passar por um transe mediúnico, sob controle do médium, dentro de seu contexto cultural, não é nem alucinação doentia, nem coisa

175

de gente desequilibrada, é coisa de gente que tem uma sensibilidade maior, de gente que consegue perceber uma outra dimensão da realidade.

A mediunidade possui características patológicas , quando ocorre fora do controle do médium, a qualquer hora, em qualquer lugar ou de qualquer jeito, o cidadão vai andando na rua e de repente... entra em transe.

— Mas Aparecida, se a pessoa se diz outra durante o transe, não aconteceu um fenômeno dissociativo? Então essa dissociação de identidade não é loucura? — interveio Rebel.

— É, no caso de uma psicose, quando a pessoa não volta espontaneamente, ao próprio comando, ao seu estado normal. No caso do estado de transe, a pessoa volta e sustenta sua identidade e, quando isso é feito de forma organizada e aliada à prática de seu desenvolvimento, reforça a identidade dela.

Quando o cidadão entra em estado de transe, de forma involuntária, isso caracteriza o transtorno. Ele não quer ou não sabe, é tomado e perde o controle.

Se a pessoa gerencia a situação, se mantém o transe sob seu comando, a medicina não considera um transtorno. Existe, inclusive, uma associação de médicos espíritas, vá participar de algum congresso deles para se inteirar melhor.

— Aparecida, li um artigo que falava do transe induzido por agentes químicos, é possível isso? — a pergunta veio de Renata.

— Podemos pensar em dois momentos: entrar e sair do transe, por meio de agentes químicos. Quando o químico suíço Alfred Hofmann descobriu o LSD (ácido lisérgico), não sabia quais eram os efeitos. Então chamou alguns psiquiatras para observação do que ocorria e o médico-psiquiatra tcheco, Stanilaw Groff, fez uso do ácido e teve visões.

O LSD é uma droga sintética, isso é, produzida em laboratório e que perturba o sistema nervoso, provocando alterações no funcionamento cerebral. O usuário pode ter alucinações e delírios com sensações agradáveis ou desagradáveis. A metabolização do ácido ocorre no fígado e sua eliminação se dá, através da urina e das fezes, o que demonstra a integração corpo–mente.

Conta-nos o amigo espiritual que, do ponto de vista energético, a droga causa um rompimento na camada de proteção do duplo etérico, o que propicia a "viagem" – visão do universo astral a que o indivíduo está conectado. Se está conectado a um astral suave, terá visões suaves; se está ligado a um astral mais denso, terá visões aterradoras.

Na palestra proferida por Groff, aqui no Brasil, ele disse se referindo a visões: "Não foi alucinação, eu vi mesmo". E o que ele relatou ter visto, bateu com a literatura religiosa espiritualista. Na época, ele começou a pesquisar a transcendência do psiquismo para escrever a obra "Além do cérebro", depois abandonou o uso do LSD, porque descobriu que a droga lesava o cérebro, passando a utilizar, entre outros métodos, a hiperpneia (aceleração e intensificação dos movimentos respiratórios) e a música.

Quanto a sair do transe, quando se perde o comando da situação, é possível fazê-lo por meio de agentes químicos. Um neurolítico pode fazer isso, traz de volta o cidadão, bloqueando a conexão, o transe – podemos dizer.

O funcionamento corpo-emoção-mente é integrado e todos são campos sequenciais de atuação do espírito. Não há uma dissociação entre um fator e outro; quando você se emociona, seu coração acelera, é um jogo integrado. O medicamento atua no sistema nervoso, modificando quimicamente a frequência. É um tipo de atuação, de acordo com a metodologia da ciência oficial. Corta o transe sim, é uma desobsessão química, mas não conscientiza, isso é tarefa da educação.

177

Sou da opinião que o fenômeno não pode sobrepujar a Essência; o ponto educativo mais importante é a ajuda que o conhecimento traz à situação. Ele facilita a transformação do comportamento, tornando a personalidade do médium mais construtiva.

É possível ter um médium cinco estrelas com grande capacidade de produção de fenômenos, mas se ele não chegar à Essência, isso tudo não vale nada para o desenvolvimento do ser que ele é.

As pessoas se impressionam: "Ah! Aquele médium é forte! Eu vou lá, ele vai me curar". Elas estão baseando o princípio da cura, no fenômeno, e não no princípio de sua própria transformação.

Cura é a retomada do equilíbrio, vem de dentro.

Forte é Deus, que está presente em todos os lugares. Quer mais forte que Deus?

Muitos endeusam o fenômeno, o que não é conveniente.

É importante respeitar o nível de amadurecimento de cada um, a consciência ainda precisa disso, há aquelas pessoas que necessitam de uma vela, de ajoelhar, de bater o tambor ou palmas. E se não for dessa forma, não consegue se concentrar, mas sabemos que tudo isso é simbólico.

O transe, por mais chamativo que seja, é apenas um transe e não pode sobrepujar a Essência, que mora no interior de cada ser.

Certa vez, meu professor de neurologia narrou em classe: "Eu fiz um tratamento espiritual na Federação Espírita, quando tinha doze ou treze anos, saía do colégio e ia para lá. Muitas vezes, encontrava a fila na calçada, rua afora. Tinha uma ficha que era picotada, alguém no salão dava uma palestra e eu sentia sono. Depois ia para o salão do passe. Uma vez cheguei atrasado, o portão já estava fechado, fiz um drama. O porteiro, um senhorzinho idoso, me falou: 'Não se aborreça, você se esforçou para chegar, seu compromisso com Jesus já está cumprido'. Então eu aprendi que não era o fenômeno que valia, mas sim, o meu esforço, e foi o porteiro que me ensinou isso."

Amo, com todas as letras, o professor Sérgio Felipe, ele é um elo vivo da ciência-espiritualidade em minha jornada.

Eu vejo as pessoas chegarem ao centro, afobadas, brigarem pelo tratamento, ou porque não tomaram passe com o senhor fulano, que é um médium "forte". Elas ainda não entenderam que o esforço que o indivíduo faz para chegar ao equilíbrio, à busca de si mesmo, rumo ao encontro da própria essência, é o que realmente conta. Isso sim é o tratamento ou a aprendizagem, o restante é apenas aparência, simbolismo ou vivência que a motiva.

A essência é fundamental e isso precisa ficar muito claro: trabalhamos com a transformação da personalidade, com o conhecimento do próprio processo.

A próxima questão foi feita por Alcli:

— Há um denominador comum entre passe, johrei e reiki?

— Esse item diz respeito à questão da generalização, da universalização. Tanto o passe, o johrei, o reiki, o benzimento e a imposição de mãos são um mesmo fenômeno praticados em diferentes filosofias. O denominador comum de todas essas formas de trabalho é o comando mental:

- o passe é comando mental;
- o reiki é comando mental;
- o johrei é comando mental;
- o benzimento é comando mental.

São diferentes angulações do mesmo quadro. São diferentes angulações do mesmo conhecimento.

Pense que você tem diferentes plantas uma diversidade enorme, e que o fenômeno da capilaridade, pelo qual elas sugam a água do solo, é comum em todas as plantas.

Aprenda a buscar a essência do fenômeno.
Pense numa prece espírita.
Pense numa prece católica.
Pense numa prece budista.
Não é o padrão de expressão que conta, mas a ligação com Deus.

Uma vez uma aluna trouxe para sala uma revista, que dizia que um cantor ilustre recebia reiki para sair da depressão. Expliquei à aluna que o reiki, o passe ou benzimento são técnicas de magnetização. E não foi o espírita ou o reiquiano que inventou a captação energética; estude um pouco de história e descobrirá que isso é muito antigo.

— E aquelas curas do "tipo" Arigó, aquelas cirurgias feitas com faca?

— Tudo tem sua função, mas não é coisa que eu aplauda.

— Ah! Mas ele curou pessoas — protestou dona Antônia.

— Curou sim, mas volte seus olhos para os templos espíritas, católicos ou evangélicos e some tudo: milhares de pessoas atendidas diariamente, muitas "curas" obtidas... São procedimentos anônimos, em que ninguém corta ninguém. Não sou partidária dessas cruentas cirurgias mediúnicas realizadas . Não estou questionando se o fenômeno existe ou não, estou apenas olhando as condições do processo. O tratamento pode tirar a dor, mas ao mesmo tempo, há o malefício da deseducação da população sobre a necessidade da higiene e da busca interior da causa do desequilíbrio.

Pasteur deve se revirar na tumba. Despendeu uma encarnação inteira para descobrir, divulgar e implantar o uso da assepsia.

O mesmo se deu com Fleming, para descobrir o antibiótico. Aí vem um médium que, em transe, opera com uma faca!

Na minha forma de entender o tratamento espiritual e a educação emocional, ambos devem estar alinhados com o tratamento médico. Se aprendemos e divulgamos isso, olhe o benefício que sinalizamos para a população.

Não existe guerra entre o universo psíquico, espiritual e físico, pelo contrário. A base de todo o desenvolvimento é a transformação interior, nela, a psicoterapia pode ter uma maior valia, se não negar a divindade. Se você tem acesso a informações que possam ajudar, consegue fazer maravilhas na escola, no trabalho, em casa ou na clínica.

Imagine ter acesso a uma pessoa culta e paciente, disposta a ouvir e esclarecer seus problemas. Sim, porque se você falar todos os seus dramas, em casa, para sua mãe ou para o seu parceiro, poderá desarticular os relacionamentos em sua vida.
Se você tem alguém para ouvi-lo.
Se você tem alguém para você desabafar.
Se você tem alguém para ajudar a organizar as ideias.
Se você tem alguém para uma troca de opinião bem alicerçada, não é um bem?

Isso é um trabalho educativo no processo do cidadão, não havendo uma oposição, mas uma otimização da conjunção.

A proposta básica da espiritualização (ação do espírito) é você abarcar os conhecimentos naturais, submersos na diversidade das expressões culturais, e alinhá-los rumo ao próprio desenvolvimento. Ainda estamos longe disso, mas não vou desistir de meu trabalho. Lembro-me que no Congresso Mundial Espírita, na Guatemala (2001), os participantes foram ameaçados, enfrentando a resistência de grupos religiosos locais, contra a realização do evento. O fato fala por si só.

Na sequência, os alunos foram trazendo suas questões.

— Gostaria que você falasse um pouco sobre Umbanda, porque eu tenho um passado por lá, atuei quase vinte anos nos centros de Umbanda, como médium de incorporação; mas na Umbanda não havia sessões de estudo, elas eram sempre mediúnicas e prestavam serviço ao público — Juliana foi quem deu a sugestão.

— Volte um pouquinho na história do Brasil. Darei rápidas pinceladas: o descobrimento da terra necessitava de colonização e braços escravos foram requisitados. O Candomblé é uma religião originada na África, trazida pelos escravos, na época da colonização. Os senhores de engenho eram católicos e o pessoal nativo, os índios, tinham suas próprias crenças. Daí você tem o sincretismo — fusão de cultos religiosos. Na sequência, chega ao território brasileiro os ensinos de Kardec e, assim, novo processo de aculturação ocorre. E, nesse cenário, surge a Umbanda, uma religião brasileira que:

- possui orixás (Iemanjá, Xangô, Ogum...) do Candomblé;
- crê num deus (Olorum);
- não esquece da cabocla Jurema (contribuição dos indígenas);
- acredita na vida após a morte e
- nos pretos velhos, que são espíritos desencarnados que retornam durante uma sessão mediúnica e conversam por meio do médium, com os frequentadores da casa; habitualmente são ternos, pacientes, sábios e prestam um trabalho bioenergético (passe, renovação energética) de utilidade pública, abrindo espaço para que seus "clientes" façam uma catarse e renovem suas energias.

Como você bem lembrou, a cultura letrada na Umbanda é bastante exígua, o ensino é transmitido oralmente entre as sucessivas gerações. O ritual também é outra característica marcante e bastante comum nas sessões.

— Qual é a função do ritual? — outra pergunta de Juliana.

182

Quando eu ouvi a pergunta, lembrei-me de um seminário dos tempos da faculdade: "Funções do Ritual". A memória trouxe à tona algum conteúdo, mas olhei para o relógio, faltavam uns poucos minutos para o término da aula, então encerramos nosso encontro, com a promessa de que, no próximo, falaríamos sobre o assunto. Mas para falar de ritual, também era preciso falar de símbolos.

O símbolo

Sabia que deveria cumprir o combinado da última aula, então introduzi o tema "ritual" assim que cheguei à sala:

— Fiquei na aula passada, devendo o tema "ritual", mas para falar de ritual é mais indicado primeiro falar de símbolo.

Etimologia da palavra: do latim *symbólum*, que quer dizer sinal, marca distintiva, insígnia; adaptada do grego *súmbolon* – signo, ou sinal de reconhecimento.

Conta uma história que, quando dois amigos se separavam na Grécia Antiga, um objeto era partido em dois, e cada um guardava sua metade; mais tarde, quando queriam se comunicar, enviavam um portador com as notícias ou pedidos. O portador seguia com a metade que lhe era entregue, o que lhe facultava ser reconhecido quando chegasse ao destino. A metade (do símbolo) que levava consigo, permitia comparar as duas partes e essa comparação servia para reconhecimento de sua procedência.

O símbolo permitia o reconhecimento.

Guarde esta ideia: o símbolo permite o reconhecimento de.

Símbolo é aquilo que possui valor evocativo, mágico ou místico. É um elemento descritivo ou narrativo, ao qual se pode atribuir mais de um significado e fazer mais de uma leitura.

Símbolo é um sinal indicativo: quando o amigo vem chegando com um sorriso estampado, há uma indicação no ar. Se ele vem de cara amarrada, a indicação é outra.

Quando a mente quer trazer alguma coisa desconhecida para a consciência e não consegue, usa de símbolos. O sonho, por exemplo, é constituído de linguagem simbólica e o símbolo é o retrato da energia de nosso psiquismo. É bom lembrar que a energia atravessa dimensões.

A alma cria símbolos, ela cria imagens, esses símbolos têm um pé na mente inconsciente e outro na consciente. Por trás do sentido objetivo e visível , há sempre um sentido invisível e mais profundo.

Transfira isso para a mediunidade, que não é um processo fora, mas incluso na mente, e todo fenômeno mediúnico tem a mente como base. Quando a consciência extrafísica (mentor ou obsessor) quer comunicar-se com a consciência do médium, pode fazer uso de um símbolo que possa ser reconhecido por ele.

Numa das turmas anteriores, certa noite, seguindo o mesmo roteiro de aula, um dos alunos em transe viu uma cena que descreveu assim: " Vi duas mãos separando grãos de milho, separando os grãos saudáveis, dos mofados". Fomos estudar a simbologia do transe, tal como estamos aprendendo agora, lembrando que o símbolo evoca a intuição, estendendo suas raízes até o mais recôndito da alma. Comecei perguntando a ele, que nome daria para a cena observada no transe. A resposta foi: "separando grãos".

Então vamos atentar que separar é:

- aprender a discriminar;
- fazer uso do discernimento;
- fazer uso do arbítrio;
- aprender a fazer distinção.

Quando você aprende a discriminar, é hora de requintar o ego na capacidade de escolha, entendendo-o como o coordenador dos conteúdos da consciência, assim como um regente de orquestra.

Perguntei ao meu aluno:

— Que representa para você, requintar sua capacidade de escolha?

— Aprender mais sobre os grãos, sobre as sementes — foi sua resposta.

— Sobre as sementes da vida? — e continuei:

O que você está nutrindo?

O que está brotando?

O que está se pronunciando?

O que está começando?

Para uma planta brotar, a semente tem necessariamente de morrer. A criança "morre" para o adolescente surgir e o adolescente se transforma num adulto.

— O que as mãos fazem para efetuar a separação dos grãos?

— Um movimento.

— Vida é movimento. — E continuei buscando respostas no interior dele. — Qual o significado das mãos?

186

— A escolha dos grãos é seguida do ato da separação. As mãos sugerem uma ação, um trabalho. Mas nem sempre eu sei o que é para ser feito na minha vida.

— Nenhum de nós sabe tudo. Aprendemos por observação, por ensaio e erro; errar faz parte do processo de aprendizagem humana. Praticamos uma ação e percebemos a que resultado chegamos – se for bom, o rumo estava certo; se for desastroso, estava errado. Veja que o transe nos mostra que estamos ainda separando sementes...

A postura de observação é altamente qualificada, se você não abrir os olhos. Se não observar, não vê o desenrolar do processo e o símbolo se refere exatamente ao processo. O símbolo não traz respostas prontas, e sim, uma energia para que a consciência decida o que fazer com a informação que chega com ele.

Quando não sei o que fazer, peço orientação ao Pai do Céu, e deixo, sem grandes ansiedades, um espaço para a intuição agir. Quando for dormir, deixe uma brecha para a intuição atuar, porque o inconsciente não dorme. E se você se dispuser a confiar na intuição, já é o germinar de uma semente, o abrir espaço para conhecer melhor uma parte si mesmo.

A voz de Alcli se fez ouvir:

— Aparecida, e o milho mofado foi estudado?

— Foi sim! Alguém na classe sabe para que serve um milho mofado?

Juliana colaborou:

— Pode ser utilizado como medicamento ou como aluci-nógeno. Tudo tem função nobre, o veneno em doses corretas é antídoto. — Ela estava certa em sua afirmação.

— E o milho saudável? — o interesse veio de Vinícius.

— A possibilidade básica é a alimentação:

- Quantos alimentos conhecidos por nós vieram do milho?
- Há um grande variedade deles, muitos tipos.
- Milho – planta medicinal usada pelos curandeiros.

Vovó tinha seus chás de sabugueiro para sarampo e catapora. O milho morre para virar pipoca... Então lembramos da faceta do ciclo: vida–morte–vida.

— E quanto à separação de grãos? — era Vinícius quem perguntava.

— A separação de grãos é tema arquetípico:

- aparece na bíblia (separar o joio do trigo);
- nos contos infantis (as aves separam os grãos para Cinderela);
- em Eros e Psikê (uma das tarefas dela era separar grãos).

Separar grãos, é apurar nuances, é aprender coisas de natureza semelhante:

- Raiva e coragem têm a mesma natureza.
- Pesquisa e fofoca têm a mesma natureza.
- A força de destruição e de transformação têm a mesma natureza,
- O artista e o lunático têm a mesma natureza.
- A mediunidade saudável e a patológica têm a mesma natureza.

A linguagem fica na superfície da compreensão dos fatos, enquanto os símbolos mergulham em águas mais profundas.

— Qual a simbologia das mãos? — Rebel tomou a palavra.

— Pilatos lavou as mãos, não querendo tomar parte da ação relacionada a Jesus, abdicando de sua autoridade. As crianças usam as mãos para conhecer algo; o cego, para ler. É comum entre os israelitas, o uso de uma corrente com uma mão de ouro ou prata dependurada. O termo emancipar vem de *"mancipium"*, que quer dizer escravo. Daí a palavra "emancipação" que significa tornar-se livre.

As mãos, na simbologia do transe, escolhiam grãos saudáveis dentre os não saudáveis. Pense na ação de escolher agentes psíquicos saudáveis para nosso momento de desenvolvimento; pense que escolhemos para experimentar, para compreender que o alimento da pisque é também medicamento.

Precisamos aprender a dosar todas as nossas forças. Através de nossas experiências, vamos aprendendo a extrair a verdade, a essência dos alimentos psíquicos para nossa própria nutrição. Pense nas sementes como potenciais que despertam elementos de cura física, emocional ou mental.

As mãos, em hebraico, é simbolizada pela letra Y (YHYH – Javeh – divino), disso deduzimos que elas, simbolizando a ação, estão ligadas ao divino que nos habita e ao conhecimento aplicado. Não basta saber, é preciso aplicar. Saber tecer uma blusa é diferente de possuir um agasalho; saber é uma coisa, realizar é outra.

Tocar a mão, ao se apresentar, significa firmar conhecimento, compromisso.

Uso terapêutico das mãos:

- imposição de mãos;
- passe;
- reiki,
- johrei

- benzimento;
- bênção.

Nas práticas orientais, temos os mudras, gestos: uma espécie de dança das mãos que são usados para cura.

Dê asas à imaginação e visualize:

- mãos que pedem;
- que prometem;
- que chamam;
- que concedem;
- que acariciam;
- que recusam;
- que ameaçam;
- que suplicam;
- que exigem;
- que interrogam;
- que calculam;
- que acusam;
- que desafiam;
- que reconciliam;
- que aplaudem;
- que regem;
- que pintam;
- que escrevem (Este é o meu primeiro livro escrito a quatro mãos).

Os símbolos rompem limites. Ainda podemos lembrar do simbolismo dos dedos: o polegar estendido para cima. representava a vida do gladiador na arena romana, enquanto a posição contrária representava sua sentença de morte.

Na tradição cabalística, os cinco dedos das mãos estão ligados a órgãos do corpo:

- polegar (Vênus) – a cabeça;
- indicador (Júpiter) – vesícula biliar;
- médio (Saturno) – baço, pâncreas;
- anular (Sol) – fígado e
- mínimo (Mercúrio) – coração.

A mão espalmada é a imagem de uma árvore em cujo punho está a raiz.

A reflexologia é aplicada nos pés, mãos e orelhas; e você pode cuidar do fígado, do pâncreas e da vesícula massageando as mãos.

Pedir a mão em casamento...
Para quem dou a minha mão para ser conduzido?
Quem usa aliança?
Quem não usa aliança?
Por que usa?
Que você usa nas mãos?

A mão é o órgão mais citado na *Bíblia*, 1.538 vezes. Na tradição judaico-cristã, as mãos representam o conhecimento, o poder e evocam a autoridade. O verbo "mandar" vem de "*mandare*" (latim), que quer dizer colocar em mãos.

Michelângelo, quando pintou na capela Sistina (Vaticano), a cena da criação, colocou inspiradamente a mão de Deus, como a parte do corpo mais próxima do homem (da mão humana). Por essa representação, "leio" ali que o homem só se encontra com Deus, por meio de sua própria ação, de sua própria busca; não há espaço para o "faz para mim".

Há um canto religioso que diz: "*Segura na mão de Deus e vai*".

O símbolo caminha rumo ao infinito, ele estimula a intuição.

No Antigo Testamento, a mão divina cria, protege e destrói. No Novo Testamento, lemos: "Nas Tuas mãos, entrego meu espírito!".

Na Astrologia, Mercúrio rege as mãos. Onde você tem Mercúrio no mapa natal? Provavelmente essa será uma área de bastante troca, de bastante ação.

Um símbolo é capaz de tornar visível até mesmo o divino. Você, leitor, tem um símbolo para divindade? Qual? As religiões trabalham com os símbolos da divindade. A Psicologia Analítica fala dos símbolos do *self*.

São símbolos do self:

- a mandala
- a árvore
- a criança
- a flor
- a estrela
- a cruz

Com irresistível força, o símbolo atrai o homem que o contempla. Na missa, a hóstia, representa o corpo de Cristo; quando um crente acende uma vela, ele não está vendo ali apenas a chama, está fazendo contato com a divindade, por intermédio do fogo.

Da simbologia do fogo de Prometeu, na Grécia, à queima de fogos na avenida Paulista, no dia 31 de dezembro, temos material para um livro inteiro, quiçá uma coleção de significados.

O estudo dos símbolos nos fez perceber que existem alguns universais e outros pessoais.

Fiz uma trajetória longa pesquisando e estudando símbolos:

- astrológicos;
- mitológicos;
- dos sonhos;
- do tarot (imagens);
- das fantasias;
- do transe (até chegar a esse o caminho foi extenso).

Disso nasceu um curso denominado "Simbologia do Transe", em que são estudados apenas os símbolos do transe dos participantes e não mais os alvores da mediunidade.

Quando um símbolo é enviado pelo mentor ao médium, há que ser uma imagem que tenha algum significado, alguma representatividade na mente do médium. A imagem utilizada será a mais próxima possível do conteúdo, ou da ideia a ser comunicada. Lembrando que uma dimensão os separa. Do lado de lá, o mentor procura transmitir; do lado de cá, o médium capta (função talâmica), percebe e decodifica (função cortical). Começando pela percepção do médium é que podemos falar em símbolo.

O médium não vê a ideia, mas o símbolo dela. O pensamento, então, é simbólico.

A vidência ou a intuição que chega diz respeito, em primeiro lugar, ao médium, cabendo a ele, portanto, o esforço de clarificação da mensagem. Entendo como indispensável o estudo do transe; o homem é um animal pensante, simbólico, reflexivo. Ou a sincronicidade existe ou não existe. Por que determinado médium, e não outro, recebe mensagem específica, num dado momento de sua vida e de seu processo? O símbolo tanto pode vir da alma do médium – porque a alma cria símbolos – como por sugestão de seu amigo espiritual.

Se algo é ou não simbólico, depende antes de tudo do ponto de vista da consciência que o contempla, pois o que é símbolo para uma pessoa pode não ser para outra.

Aquilo que o médium percebe, no próprio transe, é um símbolo que deve ser observado como uma fonte de reflexão para ele, em primeiro lugar. Lembrando que o símbolo que chega ao campo de percepção do cidadão é o "retrato da energia" que lhe foi entregue. O símbolo traz em si uma energia que vem para o médium, e o rumo que ele dará a ela é uma questão de foro íntimo.

— Então o símbolo não é inteiramente abstrato? — questionou Denis.

— Raciocínio certo! O símbolo não é inteiramente abstrato, é energético. Não temos dito sempre que pensamento é energia? O pensamento é para a mente o que a mão é para o corpo; o símbolo então representa algo para quem o percebe. Ele é, em si, um pacote energético, um recurso que a natureza usa para transferir energia, para que a pessoa se nutra e possa prosseguir sua rota, é como um alimento para a consciência.

— O símbolo é um "*quantum*" de energia? — indagou Juliana.

— Acertou de novo Juliana! Um símbolo é um "material", um alimento que chega à consciência. Lembre-se das parábolas e das fábulas, porque trazem em seu bojo: um alento, uma informação, um estímulo e uma energia. A energia transporta informação!

A consciência abraça ou aborta essa energia que lhe é ofertada, via símbolo.

Quando você entra em transe, mas não o estuda em seu estado de lucidez habitual, você o aborta. É como comprar um livro e não lê-lo, comprar um filme e não assisti-lo. É a consciência que dará um significado para o símbolo do transe.

Os alunos estavam no mais absoluto silêncio. Ou estavam entendendo tudo, ou não estavam entendendo nada. Prossegui.

O transe é rico em símbolos que o médium despreza:

- Não pesquisa.
- Não se ocupa deles.
- Não os elabora.
- Não aproveita o pacote energético que lhe chega à consciência, vindo de uma outra dimensão.

Não estudar o próprio transe é um desperdício inocente! Mas um desperdício.Forma-se uma grande estrutura para que ocorra a comunicação entre as duas esferas, mas quando se dá, fica quase que perdida, sendo pouco aproveitada.

Em linhas gerais, a consciência é caracterizada como um fenômeno psíquico, que se estabelece na relação entre o ego e os outros conteúdos psíquicos.

O transe é uma experiência riquíssima em conteúdos psíquicos.

Em vez de negar o transe de alunos ou clientes, apenas rotulando de alucinação, aproveito-o como fonte de informação preciosa para a cura, reequilíbrio ou desenvolvimento.

De que adianta a banda larga, se a mente é estreita? De que adianta o transe para o médium, se ele não se ocupa do conteúdo apresentado? Quando essa relação ocupa lugar na consciência, pode manifestar-se como uma reflexão que precede, acompanha ou segue os acontecimentos internos.

A consciência atua na recepção $\leftrightarrow$ percepção

$\downarrow$ $\downarrow$

capta decodifica

A consciência atua na função de árbitro, no mar das possibilidades, e decide o que fazer com o conteúdo do transe. A recepção de todo esse volume energético ocorre por meio dos símbolos.

São simbólicos:

- as parábolas;
- os mitos;
- os sonhos;
- os contos;
- as fantasias;
- as fábulas;
- os transes.

O estudo astrológico é altamente simbólico, tanto quanto a religião. Talvez aí, resida o pecado mortal. Diz a encíclica papal, que os astrólogos todos arderão eternamente no fogo do Hades.

São simbólicas as obras de arte, as visões dos profetas e as fantasias dos poetas.

O símbolo fala à consciência aquilo que as palavras não conseguem transmitir.
O símbolo une dimensões.
As palavras reduzem, os símbolos conduzem.

Qualquer estudioso de símbolos da atualidade, fatalmente já se deparou com a história da descoberta da estrutura da molécula de benzeno, em forma de anel, por Kekulé.

Em 1865, importante químico alemão teve um sonho que fez com que formulasse a estrutura do benzeno. Disse Kekulé:

"Eu estava sentado à mesa, a escrever o meu compêndio, mas o trabalho não rendia; os meus pensamentos estavam noutro sítio. Virei a cadeira para a lareira e comecei a dormitar. Outra vez começaram os átomos às cambalhotas em frente dos meus olhos. Desta vez os grupos mais pequenos mantinham-se modestamente a distância. A minha visão mental, aguçada por repetidas visões dessa espécie, podia distinguir agora estruturas maiores com variadas conformações; longas filas, por

vezes alinhadas e muito juntas, todas torcendo-se e voltando-se em movimentos serpenteantes. Mas olhe! O que é aquilo? Uma das serpentes tinha filado a própria cauda e a forma que fazia rodopiava diante dos meus olhos. Como se tivesse produzido um relâmpago, acordei... passei o resto da noite a verificar as consequências da hipótese. Aprendamos a sonhar, senhores, pois então talvez nos apercebamos da verdade."

Após esse sonho, verificou a possibilidade de uma molécula de benzeno ter o comportamento semelhante ao da serpente. Concluiu, então, a fórmula cíclica e hexagonal do benzeno.

Agora perceba que o sonho com a serpente, ele associou com a fórmula do benzeno (elemento químico). Responda para si mesmo, com bastante honestidade: se você sonhasse com a serpente, associaria isso com o benzeno?

Lamentavelmente há uma crença da ciência oficial de que apenas o que se percebe com os cinco sentidos é real. Mas é fato que cada um tem a sua realidade do tamanho de seu entendimento.

O homem, além de ser um animal racional, é também um animal emocional, o único reflexivo, além de simbólico – é o que ensinava uma de minhas professoras.

Um símbolo é a imagem de um conteúdo transcendente da consciência; esse conteúdo é real (lembre-se que temos muitos níveis de realidade). Esse conteúdo é agente e, com ele, é possível e necessário o contato.

Um símbolo é vivo, quando está prenhe de sentido. Ele é a expressão de algo que ainda não possui outra forma melhor de representação.

- O símbolo é pessoal.
- É específico para cada momento que está sendo vivido.
- Refere-se sempre ao processo e não dá respostas prontas.

— Isso quer dizer que a interpretação, de modo genérico, é inadequada? — manifestou-se Renata.

— Sim.

— E quanto ao ritual? — lembrou Juliana.

— Pelo símbolo, a energia ganha imagem e, pelo ritual, ganha corporificação.

Fui à lousa e escrevi:

Símbolo → imagem com significado.
Ritual → ação, concretização de significados.

Uma experiência simbólica não é feita por nós, ela acontece.

— Nosso próximo encontro será dedicado apenas ao tema ritual, segundo o "Evangelho da Maria Aparecida". Sugiro, como lição de casa, que vocês leiam *O homem e seus símbolos*, livro de C. G. Jung, para entendermos melhor o alcance dos símbolos — tendo dito isso, finalizei o encontro.

O ritual

Fiquei bem entusiasmada com o tema ritual e separei um bom material ilustrativo para aquela noite. Para cada item, selecionei ricas imagens.

Como já havia passado uma semana, retomei o básico, as cenas do último capítulo, ou seja, o quadro da lousa:

Símbolo → imagem com significado.
Ritual → ação, concretização de significados.

O ritual está e esteve sempre presente em todas as culturas:

- na pajelança;
- no xamanismo;
- na missa;
- na Umbanda.

Ir à missa todos os domingos é um ritual. Comemorar o aniversário é um ritual. Tomar banho todos os dias é um ritual.

— Posso entender o ritual, como um conjunto de regras socialmente estabelecidas, que devem ser observadas? — indagou Renata.

— É nesse rumo. Podemos dizer que ritual pode ser qualquer ato solene, qualquer cerimonial que tenha um significado para o participante. Um ato, pelo qual, ele busque mudar alguma coisa em sua vida.

Pelo ritual, é efetivada a passagem de um estado para outro:

- o casamento;
- a formatura;
- a ordenação;
- o batismo;
- o funeral.

O ritual busca direcionamento e solução para uma situação. Então pense: quando participa de um ritual, o que busca com essa prática? Quando atira flores ao mar, no final do ano, o que deseja com isso? Quando faz uma simpatia no dia de Santo Antônio, o que pretende?

O ritual busca um redirecionamento, uma substituição mais satisfatória. Acender uma vela é um ritual pessoal, pois a luz que se acende fora é uma representação da busca da luz interior. Passar no vestibular, é um ritual praticado por aqueles que querem quer entrar na faculdade, nesse caso temos uma prática coletiva.

— Eu pensei que ritual fossem só as rezas e cantos das igrejas e dos centros — era dona Antônia participando da conversa.

— Não apenas, a festa de aniversário é um ritual, a colação de grau é um ritual, tanto quanto a participação no curso todo; a criança que entra na escola ainda que não tenha noção disso está praticando um ritual – não religioso, mas um ritual.

— E eles são praticados sempre da mesma forma? — continuou perguntando.

— Num tempo lá atrás, um ego mais primitivo, numa consciência mais infantil, usava até situações de sacrifício humano como rituais. Vocês se lembram da passagem bíblica, de solicitação de sacrifício da vida de Isaac, descrita no Antigo Testamento?

Quanto ao Novo Testamento, a *"apresentação de Jesus no templo"*, conforme o costume da época: *"todo primogênito, ao Senhor, será consagrado"* e para isso, se oferecia um sacrifício sangrento: *"um par de rolas ou dois pombinhos"* — já não era a oferenda do sacrifício humano.

Hoje, entrando no Santuário Ecológico, um grande parque onde grupos umbandistas fazem seus ritos, vemos uma grande placa, logo na entrada, e nela a solicitação: "Não façamos sacrifícios sangrentos com nossos irmãos inferiores".

Pense em coisas mais próximas percebidas como rituais.

— Estou treinando dança com afinco, quero ser admitida no corpo de baile do Teatro Municipal. Era Rebel participando.

— Exatamente! Uma ação (treino) que possui um significado e que busca uma mudança de estado. Passando na seleção, Rebel deixará de ser uma estudante de dança e se tornará uma bailarina profissional, quiçá uma sucessora de Ana Maria Botafogo.

— Se bem estou entendendo, um ritual muda de formato — insistia dona Antônia; era preciso dar um tempo para que ela metabolizasse as novas facetas do ritual. É interessante observar, que o tempo de assimilação é diferente em cada aluno. Se faz necessário, muitas vezes, retomar o mesmo tema para que a ideia transmitida possa ser melhor assimilada.

— Com a evolução do pensamento humano, o jeito de praticar o ritual foi mudando. O nosso ritual no início do século XXI não é certamente a crucificação do ser, ou o sacrifício de jovens atenienses, no labirinto, para alimentar o minotauro. O ritual da atualidade pede o sacrifício da preguiça mental, da falta de confiança em si, e também que se coloque no altar da consciência, a disponibilidade para atuar com disciplina, que é o início de uma nova luz interna. Disciplina da autoeducação e da orientação de si mesmo deve ser entendida como fazer o melhor possível com os meios que temos.

O ritual atualizado é este: suportar o esforço de buscar respostas vindas da própria consciência, sem ficar atado na aprovação coletiva, e entendendo que se em algum momento nos enganarmos, isso faz parte da natureza humana.

Estamos em processo de aprendizagem, pagando o preço da ignorância.

O ritual, para o prosseguimento da jornada, é o do conhecimento de si, das próprias possibilidades. O ritual é, o reconhecimento de que fomos criados à imagem e semelhança do Pai; nenhum grande iluminado pulou a etapa do conhecimento de si mesmo, porque tal conhecimento é a porta de entrada para o processo de Iluminação.

"Ninguém vai ao Pai se não for por mim".
Esse mim é o "mim mesmo".

"Eu sou o caminho a verdade e a vida".
Esse "eu" é o "eu mesmo", "o mim mesmo", "o si mesmo". Simplesmente porque não tenho outra vida para viver que não seja a minha . Porque eu não disponho de um outro "eu" que não seja o meu.

O conteúdo do ritual atual é:

- Como sou?
- Como funciono?
- O que me motiva?
- O que me desmotiva?
- é o confronto;

- a validação;
- a disponibilidade;
- a passagem do estado de ignorância plena para outro que apresente um pouco de lucidez; assim como a criança que sai da infância, atravessa a adolescência rumo à maturidade, pelas avenidas da responsabilidade.

O ritual deixa de ser praticado fora, para ser praticado dentro.

A luz da vela é substituída pela luz da consciência, afinal já trocamos o fio de cobre pela fibra ótica, já deixamos para trás a Idade da Pedra Lascada e contemplamos as descobertas da rota do Hubble – o telescópio espacial. E qual será o telescópio interno? O telescópio interno é a própria consciência e sua dinâmica, num desempenho, numa experimentação responsável das próprias necessidades, em vez de reprimidas e ignoradas.

Nesse novo patamar, quando surgirem os questionamentos:

- O que fiz de errado?
- Por que não dá certo?
- Por que acontece comigo?

O novo ritual será:

- Não sei tudo.
- Tenho disposição para aprender.
- Errar faz parte do processo de aprendizagem.
- Aceitação.

Aqui na clínica, temos uma plaquinha imaginária que deve ser usada como crachá, e nela se lê: "em treinamento". Estamos todos em treinamento.

— Aparecida, você falou em aceitação, mas aceitar o quê? Seja mais clara! — era a voz de Rebel.

— Nós mesmos:

- aceitar o nosso jeito de ser;
- aceitar os nossos impulsos para educá-los;
- aceitar a nossa impaciência;
- aceitar as nossas raivas;
- aceitar o nosso criticismo (por exemplo);
- aceitar os nossos pontos fracos para fortalecê-los.
- Tanto quanto aceitamos a nossa alegria, tanto quanto aceitamos nossa coragem, tanto quanto aceitamos nossa inteligência.

É um novo ritual, baseado na integração de tudo o que somos , tudo o que temos interiormente, aceitando os nossos "feios" e "pecados" , ou seja, as nossas tendências inadequadas para serem reeditadas de forma mais suave. Afinal, todo herói um dia enfrentará os seus dragões interiores. A vida é eterna e já estamos na eternidade.

Esse novo patamar é como uma praça em que, no ponto central, colocaremos um banco, e nele, o feio (interno) conversará com o bonito. O meu alegre encontrará o meu triste. Esse banco central é a consciência, e nele, a fé conversará com o medo e a perseverança, com o desespero.

Os próximos rituais da humanidade não serão exteriores, mas intrapsíquicos. Os temas serão:

- a ganância;
- a impotência;
- o desamparo;
- a frustração;
- a inveja.

Esses temas são barris de pólvora adormecidos, que não são curados com medicamentos químicos (daí que a cura vem de dentro). Eles permeiam as entranhas do homem, por trás das cortinas da consciência, num âmbito mais sombrio.

O ritual atual é integrar o que está na sombra. Visitar os pantanais da alma, sem a força de Ogum ou de Hércules, é tarefa inviável.

O ritual atual é o confronto e a educação das próprias forças, a menos que sejam enfrentadas em seus próprios termos, pelo canal da conscientização, que é o nosso ritual psíquico. Essas forças continuarão criando condições externas que as tornarão possíveis, mas em nossa desmedida ingenuidade, continuaremos a acreditar que as causas são exteriores.

O ritual há que ser carregado de significado, de intenção; me lembro do exemplo clássico, estudado em classe, do ritual de caça: Ao amanhecer, os índios que participariam da caçada ao antílope desenhavam o animal no chão; quando surgia o primeiro raio de Sol, uma flecha era lançada na direção do pescoço do animal. Depois partiam para a caçada e, horas mais tarde quando voltavam, os caçadores traziam um antílope morto, abatido no pescoço.

Minha professora frisava bem, que o efeito da representação e das encenações simbólicas, apoia-se no fato de que ao se valer da visão analógica, a consciência pode apreender e, pelo menos em parte, direcionar o fluxo da energia. É quando o poder torna-se disponível na consciência, e na sequência, o uso responsável também.

Sem uma percepção clara da consciência do poder, não há possibilidade de escolha ou de decisão.

Há médiuns que, numa vaidade infantil, praticam rituais, buscando o poder. Mas o poder não está no ritual, e sim no magnetismo mental, somado à intenção do praticante.

Você já viu uma pessoa poderosa que não tenha em sua personalidade, bastante coragem como embasamento do poder? Eu não! E vamos lembrar que coragem é agressividade educada.

Ainda outro dia, chegou aqui um cliente que fez um curso de desenvolvimento mental, há mais de três décadas, quando era um modismo. Só que durante esses trinta anos, ele praticou o tal treinamento; no seu dizer, se quisesse, poderia entrar na faixa mental dos outros e perceber cores e formas. Mas agora, nos últimos tempos, além de visualizar as cores e as formas, passou a ser incomodado por sintomas, dores e angústias alheias.

— E agora? — era a voz de Rebel.

— Agora aprenderá a fazer uso responsável da habilidade que ele desenvolveu. Em sua entrevista, ele me disse que se sentia invadido pelos sintomas das pessoas, ao que eu respondi: "Mas você não as invadia também? Ou será que pedia licença para contatar o campo energético de cada uma?"

E, para isso, vovó diria: "Foi buscar lã e saiu tosquiado". Cada um é responsável pelo uso das habilidades desenvolvidas. Acho a vida ótima, muito sábia. Você se educa, queira sim, queira não! A natureza possui uma ética que supera a do Congresso Nacional! Amém.

Fui à lousa e escrevi: "O poder se torna disponível à consciência". A lição de casa da semana era pesquisar o tema abordado em classe.

Alcli, que estava atento à discussão, perguntou:

— Como entender o transe mediúnico? É um ritual?

— O transe é o ritual do médium para vincular ou despertar algo em sua experiência.

— Não entendi, dê um exemplo — pediu Rebel.

— Vamos retomar um fato. No dia de Ogum, a Umbanda homenageia esse orixá guerreiro com um ritual. No panteão afro, Ogum é um orixá ferreiro, especialista nos metais, dono e zelador da forja imortal, do fogo trazido ao mundo pelos orixás, o equivalente ao Prometeu grego. E também:

- sincretizado, na região sudeste, como São Jorge (23/04) e, na Bahia, como Santo Antônio (13/06);

- suas cores: vermelho (Umbanda) azul-marinho (Candomblé), porém, já assisti rituais onde seus filhos se vestiam também de branco (que é cor de todos os orixás) e verde, porque Ogum é também o protetor das lavouras e colheitas;

- o dia da semana dedicado a Ogum: terça-feira (dia de Marte – deus guerreiro);

- seus instrumentos: a lança, o facão, a espada, os agrícolas e todos os outros forjados em ferro;

- principais oferendas: charuto, rosas vermelhas, bebida e comida;

- bebida: cerveja branca;

- comida: feijoada com feijão fradinho, vatapá, cará, inhame e carnes vermelhas;

- elemento: fogo – utilizado para dar forma ao ferro;

- plantas: espada de São Jorge (abre caminho), arruda e folha de seringueira;

- pedra: diamante;

- domínio: caminhos, estradas, praias, jazidas e objetos feitos com ferro;

- o que faz: abre caminhos e executa a lei;

- características: impulsivo, guerreiro, líder e impaciente;

- animal de oferenda: galinha;

- saudação: ogunhê, que significa "Olá Ogum".

Ele se veste de couraça, capacete, espada e braceletes brilhantes.

Embora guerreiro, suas histórias falam de um orixá simpático, agradável e insinuante. Tanto que foi casado com Iansã, Oxum e Obá. No Haiti, é cultuado como o protetor das lavouras e colheitas, enquanto no Brasil, é lembrado como o santo dos militares e, em alguns terreiros, recebe a patente de Capitão do Exército Brasileiro.

Depois da abertura feita pelo Exu, geralmente é Ogum, o primeiro orixá que se apresenta. Suas lendas o apresentam como um guerreiro imbatível. Seu ponto cantado diz: "É Ogum quem vence demanda".

A gira (a cerimônia) de Ogum é para pedir que faça acontecer as mudanças necessárias na vida de quem participa do ritual. Ao final da prática do ritual, o participante leva uma espada de São Jorge energizada para sua residência, onde poderá plantá-la ou colocá-la em uma jarra com água, para que boas irradiações do Orixá ocorram ali. Na Umbanda, Ogum, divindade masculina, é apresentado como o arquétipo do guerreiro.

— Mas lá no centro que eu ia, as comidas oferecidas para Ogum eram outras — comentou dona Clara.

— A Umbanda não é unificada como o catolicismo, nela não há um poder central como o de Roma. A Umbanda não tem um papa, cada orientador é dono de seu terreiro. Pense num orixá como uma força arquetípica, com mais de uma forma de expressão... o crente participa (ação) do ritual, cantando, rezando, acendendo velas, solicitando ao orixá aquilo que deseja, – ainda que de forma inconsciente –, vai treinando dar rumo ao próprio pensamento.

Desde que a pessoa resolve ir à comemoração, e durante todo o período em participa, ela pensa com mais clareza e mais firmemente naquilo que deseja. Está aprendendo, por vias paralelas, a orientar seu pensamento, focando aquilo que quer. Ninguém vai à festa de Ogum para duvidar do poder dele, nem para pedir o que não quer, vai para solicitar o que deseja. O crente pede justamente aquilo que almeja, porque sua autoconfiança não banca a tentativa da conquista, por isso solicita a uma entidade que o faça por ele.

O pensamento humano evolui, e com ele, os rituais. Substituímos o bisturi pelo *laser*, agora estamos substituindo o culto pelo curso.

A consciência humana se expande e, com ela, o pensar e o refletir sobre. Remotamente, a mortificação era um ritual para aplacar a "ira divina", mas hoje esse conceito não serve mais, qualquer pessoa um pouco mais esclarecida, não mais pratica a autoflagelo. Felizmente, poucos são aqueles que saem com o chicote nas mãos, batendo nas próprias costas até sangrar. A humanidade deu um passo à frente, ou pelo menos parte dela. A consciência, um pouco mais desperta, pede integração, em vez de repressão. O "não deverás resistir ao mal" ganha um novo significado: em vez de olhar uma vontade, um impulso como pecaminoso e negá-lo, vamos percebê-lo para educá-lo.

E isso demanda:

- conhecimento;
- vontade;
- ação.

A ação do conhecimento é o ritual da atualidade, uma nova dimensão para o significado. Não basta saber algo, é preciso fazer aquilo que se sabe, é preciso alinhar o discurso à ação, numa tolerância consciente do conflito entre nossas necessidades, afetos e sentimentos.

Em vez de dizer para o seu aluno não chegar atrasado, chegue você no horário. O mestre pratica o que ensina, exemplifique. Ensinar é uma questão sua, aprender é uma questão dele.

O ritual contemporâneo pede que você seja o agente de transformação em sua vida, em seu trabalho – em seu universo.

Quando sei que sou o agente de transformação, vou buscar Ogum, anjo ou o mentor que mora dentro de mim, porque é a energia dirigida que provoca mudanças.

Ogum é o símbolo de minha força.
Vou buscar a forma (masculina) de ação, tenha ela o nome que tiver e, com ela, atuar para concretização de minhas metas.

Ogum é o símbolo de minha força.
A professora já não precisa da lança,
mas da força do conhecimento.

Ogum é o símbolo da proteção.
Preciso da proteção do Ogum que mora em mim, para não esmorecer quando me apedrejarem pelo caminho.

Ogum – o vencedor de demandas.
Preciso da força de Ogum que vem através da coragem, da minha coragem para continuar, onde muitos pararam.

Preciso incorporar a coragem de Ogum
para mostrar-me como sou. para levar a minha fala às aulas, palestras, reuniões, centros espíritas, empresas e livros.

Precisei do ferro de Ogum, de onde tirei as ferramentas para o meu ritual – de abrir uma clínica de mediunidade e mantê--la em pé por anos seguidos.

Ogum é o símbolo de minha força.
Com ela vou às minas internas de meu ser, desenterrar meus diamantes brutos.
Mas ainda preciso dos instrumentos cortantes de Ogum, pois com eles lapido os meus diamantes.
Só depois de encontrar os meus, é que posso reconhecer os seus.
Vou evocar a força de Ogum e riscar o ponto das atividades cotidianas com as minhas atitudes.

Incorporar Ogum, o guia, o mentor, o protetor ou qualquer outro nome que você queira dar, é trazer o atributo que a entidade representa, para seu universo interior. De início, o médium vai trazê-lo durante o transe, para despertar a sua própria semente, projetada no orixá. Depois, com o passar do tempo, vai trazê-la para o cotidiano, sem a necessidade do transe mediúnico.

A proximidade com o mentor é para despertar aquele atributo, mais ou menos como um aluno que convive com um professor, até que aprenda, adquira a habilidade da leitura, para depois mantê-la sob seu comando.

O ato, o ritual e a ação mediúnica ganham consciência ética e responsabilidade do médium para com seu próprio processo.

Fica aqui, o convite a quem quiser, com essa visão, praticar alguns rituais para vencer distâncias ou dificuldades.

Vamos pensar num ritual que nos abra as portas para o desenvolvimento consciente do ser.

Minha gente, em razão do grau de interesse despertado pelo tema, sugiro que nossa próxima etapa de estudo conjunto gire em torno dos símbolos ocorridos durante o transe. Que lhes parece estudar a dimensão arquetípica dos orixás?

Fim

VIDA & CONSCIÊNCIA
EDITORA

Inspirações para sua alma

Mediunidade e Auto-estima
Maria Aparecida Martins

Este livro nasceu da experiência pedagógica da autora e de sua atuação em salas de aula, palestras em espaços culturais, situação clínica e centros de estudos espiritualistas. Se deseja ligar-se aos espíritos iluminados, precisa enxergar a luz que brilha dentro de si.

CATEGORIA: Metafísica Moderna
PÁGINAS: 288
ACABAMENTO: Brochura
ISBN: 858-58-7298-5

Reencarnação — Vinte Casos
Ian Stevenson
A reencarnação comprovada cientificamente! O médico e professor Ian Stevenson, da Universidade da Virgínia, nos Estados Unidos, catalogou mais de dois mil casos de pessoas que, espontaneamente, manifestaram recordações de vidas passadas. Esta edição, revisada e atualizada, reúne casos de vários países, incluindo o Brasil, investigados por Stevenson.

A Espiritualidade e Você
Maura de Albanesi
Retrata os mistérios da vida humana e seus potenciais mais sublimes, indicando caminhos evolutivos para o aperfeiçoamento e o alinhamento com o Universo por meio da verdadeira conexão com Deus.

CATEGORIA: Fatos e estudos
PÁGINAS: 520
ACABAMENTO: Brochura
ISBN: 978-85-7722-095-3

CATEGORIA: Fatos e estudos
PÁGINAS: 112
ACABAMENTO: Brochura
ISBN: 978-85-7722-150-9

FATOS E ESTUDOS

CRIANÇAS QUE SE LEMBRAM DE VIDAS PASSADAS
Ian Stevenson

CASOS EUROPEUS DE REENCARNAÇÃO
Ian Stevenson

LEMBRANÇAS DE OUTRAS VIDAS
Michael Newton

MEDIUNIDADE CLÍNICA
Maria Aparecida Martins e Thiago Crispiniano

ME LEVA NOS BRAÇOS, ME LEVA NOS OLHOS
Annamaria Dias

FANTASMAS DO TEMPO
Leonardo Rásica

ELES CONTINUAM ENTRE NÓS
Zibia Gasparetto

ELES CONTINUAM ENTRE NÓS – VOL. 2
Zibia Gasparetto

CONEXÃO — UMA NOVA VISÃO DA ESPIRITUALIDADE
Maria Aparecida Martins

FOGO SAGRADO
Ernani Fornari

METAFÍSICA DA SAÚDE
Valcapelli e Luiz Gasparetto

REVELAÇÃO DA LUZ E DAS SOMBRAS
Luiz Gasparetto e Lucio Morigi

METAFÍSICA MODERNA

AMOR SEM CRISE
Valcapelli

A NOVA METAFÍSICA
Maria Aparecida Martins

Fatos e Estudos

Criada para a divulgação de pesquisas e estudos científicos sobre comportamento humano e fenômenos paranormais. Também engloba testemunhos e vivências de transformação voltados para o aprimoramento humano.

Metafísica Moderna

Para quem gosta de temas relacionados à saúde do corpo físico e mental. Com uma linguagem didática, os livros dessa categoria oferecem uma abordagem que objetiva descondicionar a nossa visão de nós mesmos e da vida, ampliando a autoconfiança e a lucidez. Tem como autores Valcapelli, Luiz Gasparetto, Sandra Ingerman e outros.

Inspire-se com outras categorias em nosso site:
WWW.VIDAECONSCIENCIA.COM.BR

INFORMAÇÕES E VENDAS:

Rua Agostinho Gomes, 2312
Ipiranga • CEP 04206-001
São Paulo • SP • Brasil
Fone / Fax: (11) 3577-3200 / 3577-3201
E-mail: editora@vidaeconsciencia.com.br
Site: www.vidaeconsciencia.com.br